资产定价与机器学习

吴 轲 著

ASSET PRICING
AND
MACHINE LEARNING

中国人民大学出版社
· 北京 ·

序 言

　　量化投资作为一种基于过往历史数据，挖掘资产收益率的统计规律来确定资产的购买和出售策略的投资管理模式，在资产管理行业的应用越来越广泛。截至 2022 年第二季度，在全球对冲基金管理规模排名前十的机构中，有七家为量化对冲基金。根据中国证券投资基金业协会发布的《2021 年私募基金统计分析简报》，2021 年底我国前十大私募证券基金管理机构中，量化管理机构已占据五席。量化投资通常涉及大量数据的处理，包括股票价格、公司财务数据、宏观经济数据等，并通过统计和计算模型来发现并利用潜在的投资机会。

　　近些年，随着金融资产定价学科的不断进步，实证研究发现了越来越多能预测股票收益率的变量。然而，金融数据的低信号噪声比特性使得传统统计方法在从众多预测变量中发掘最有效的投资策略时面临困难。这就是机器学习技术被广泛应用的原因，因为它可以处理大量的数据并识别出复杂的、非线性的预测关系。因此，无论是在学术研究领域，还是在量化投资业界，机器学习都开始得到广泛的应用。

　　然而，相较于投资管理行业，金融学术研究对机器学习方法的研究相对滞后。记得 2013 年我在埃默里大学读博士的时候，我的校外导师、圣路易斯华盛顿大学的周国富教授和他的合作者在金融学顶级学术期刊上发表了一篇开创性的论文。他们使用了 LASSO 方法（一种流行的机器学习降维技术）从大量的候选变量中筛选出有效的预测变量，用于预测全球股票市场的收益率（Rapach，Strauss，and Zhou，2013）。2015 年，我在博士论文中采用了非参数核密度估计法（广义上属于非线性的机器学习算法），以更精确地测量股票收益率与市场收益率间的联动不对称性。当时，使用复杂统计方法的研究在金融学顶级学术期刊上仍相对较少。直到 2020 年和 2021 年，顶级学术期刊《金融研究评论》（*Review of Financial Studies*）发布了两期关于机器学习和大数据方法在金融学中应用的特辑［横截面中的新方法（New Methods in the Cross-Section）和金融学中的大数据方法（Big Data in Finance）］，从此运用机器学习和大数据方法的金融学研究论文开始大量出现。

本书是对近年来机器学习方法与资产定价相结合的学术研究的综合总结，并提供了对中国股票市场应用经典机器学习方法的实证展示。本书主要关注资产定价研究的三个核心问题，即最优投资组合的选择、因子定价模型的识别，以及横截面资产收益率的预测。同时，本书系统介绍了如何运用机器学习方法来提升资产定价模型的实证效能，希望能为金融领域的研究者和从业者提供一份实用且具有启发性的参考。

本书的出版得到了国家自然科学基金重点项目和面上项目的资助（项目号：72173127，72192804）。这里我要感谢我的科研合作者们：埃默里大学经济系的马苏米（Esfandiar Maasoumi）教授（我的博士导师）、首都经济贸易大学金融学院的王涧秋老师、复旦大学泛海国际金融学院的童国士老师、香港科技大学金融系的博士研究生温旭东、中国人民大学财政金融学院的博士研究生王卓，以及我在中国人民大学指导的第一位博士毕业生、现就职于建信基金管理有限公司的陈冬旭博士。本书的许多内容都源于我与这些合作者们的研究论文。我还要特别感谢圣路易斯华盛顿大学的周国富教授和芝加哥大学的修大成教授，他们在这个领域的开创性研究为本书的撰写提供了重要的启示和指引。

吴　轲

目录

第一章 导 论

1.1 资产定价的研究背景

Markowitz（1952）提出了经典的均值方差投资组合优化理论，系统地分析了如何利用资产收益率的统计特征，即均值和方差，来优化投资组合配置，为现代金融学的研究奠定了基础。基于均值方差理论构建的投资组合有效边界，Sharpe（1964）和 Lintner（1965）在考虑无风险资产和市场均衡概念后，提出了资本资产定价模型（capital asset pricing model，CAPM），为资产预期收益率与其系统性风险敞口（beta）确立了经典的线性因子模型关系。Fama（1970）提出了有效市场假说，尽管双重检验问题使得有效市场假说难以被精确检验，但它作为评价金融市场定价效率的重要参照系，为进一步研究资产收益率的预测变量和构建因子定价模型提供了理论基础。

如果金融市场是信息有效的，那么资产的收益率应该是不可预测的。如果发现了可以预测股票收益率的变量，这就意味着该变量衡量了资产对某种系统性风险的敞口。在调整资产的系统性风险溢价后，不应存在额外的异常收益率。那些经因子模型调整后仍显著的预测变量被称为市场异象。在有效市场假说被提出之后,资本资产定价模型自然成了最早被广泛检验的因子定价模型。

随着市值效应、价值效应等不能被 CAPM 解释的市场异象在 20世纪 80 年代陆续被发现,Fama 和 French (1993) 在 CAPM 的基础上加入了市值因子和价值因子,提出了著名的 Fama-French 三因子模型。在那个时代,三因子模型可以解释除了动量效应以外几乎全部已知的市场异象。随后资产定价研究领域也开启了发掘检验可预测资产收益率的新变量与开发升级新因子定价模型的"竞赛"。

随着信息收集分析技术手段的进步,越来越多基于公司财务报表、经营公告的基本面数据,高频的股票历史交易数据以及基于机器学习深度文本分析挖掘产生的公司层面、投资者层面和宏观经济层面的变量被发现可以有效预测风险资产的预期收益率。仅考虑公司层面,迄今的资产定价文献已提出了数以百计的具有显著预测能力的公司特征变量。Harvey,Liu 和 Zhu (2016) 统计了 1967—2012 年发表在国际顶尖金融期刊的论文中涉及的预测指标,发现有 316 个指标被实证检验具有重要影响,并且指标数量以接近平均每年 18 个的速度增长。Mclean 和 Pontiff (2016) 在研究了金融、经济以及会计学顶尖期刊论文中涉及的 97 个横截面股票收益率预测指标后,发现部分指标的预测效果来自数据挖掘,平均而言,这些指标的多空组合收益在样本外下降了 26%,在文章发表后下降了 58%。Hou,Xue 和 Zhang (2020) 检验了文献中 452 个市场异象后,发现即使剔除流动性较差的小市值股票,仍然有 161 个变量是统计显著的。

相应的因子定价模型也在发展演进，Fama 和 French（2018）在 Fama-French 三因子模型的基础上加入了盈利因子、投资因子和动量因子，提出了 Fama-French 六因子模型。Hou 等（2019）则提出了包含市场因子、市值因子、投资因子、盈利因子和预期投资增长因子的 Q5 因子模型。尽管这两个最新提出的多因子模型在众多因子模型中对市场异象的解释能力最强，但依然存在较多的市场异象无法被解释。

时任美国金融学会主席的约翰·科克伦（John Cochrane）教授在 2011 年的学会主旨演讲中将数量众多的收益率预测指标称为"因子动物园"，并提出问题："究竟哪些变量能独立解释股票预期收益率差异？而哪些变量的解释能力会被其他变量所涵盖？"因此，发现真正具有解释力的变量并确定能够解释其他变量的定价因子是目前资产定价领域核心的研究问题。

过去十多年中，很多研究从探究资产横截面收益率的可预测性出发，提出并验证新因子模型。金融数据具有低信号噪音比的特性，同时因子定价模型中有效因子结构及其函数关系不确定，随着包含众多变量的"因子动物园"被发现，大数据分析和机器学习方法也被广泛引入资产定价的研究。迄今为止，较多研究从筛选有效变量来预测资产横截面和时间序列收益率、定价因子的风险溢价检验和估计随机贴现因子（stochastic discount factor，SDF）模型的因子载荷（factor loadings）的角度，使用机器学习方法来解决"因子动物园"问题。然而从投资者最大化期望效用函数的角度，构造最优投资组合来确定随机贴现因子则较少被关注，尤其是在面对高维度的解释变量时，应用机器学习方法的相关研究则更有限。[1]

　　下面我们以投资组合优化为例，简要介绍为什么包含高维解释变量的"因子动物园"会导致基于线性回归的传统计量分析方法面临"维度灾难"问题。Markowitz（1952）均值方差投资组合优化理论根据资产收益率的均值和方差来估计最优资产配置权重，因此在有 N 个资产的情形下，该模型需要估计 N 个均值和含有 $(N^2+N)/2$ 个参数的协方差矩阵。其估计参数的维度随资产数量 N 的增加以幂函数的速度增加，因此在面对大量资产和有限样本时，参数估计变得十分困难。以往的研究往往采用贝叶斯估计方法解决这一问题，通过引入先验信息帮助提高参数估计精度，或者使用因子模型来降低估计参数的维度。但引入先验信息通常会包含主观判断，导致统计推断有一定的主观性，而通过因子模型降维则需要引入模型假设，增加了模型误置的风险。

　　Brandt，Santa-Clara 和 Valkanov（2009）通过直接对资产权重建模的方式来实现参数降维。之前的资产定价研究发现了大量对股票横截面收益率有解释力的特征变量，因此他们将股票权重建模成有 K 个特征变量的线性函数，再通过最大化投资者的期望效用函数来估计这 K 个参数。该方法被称作参数化投资组合方法，其待估参数的数量级从

---

[1]　据作者对金融文献的了解，目前只有 DeMiguel 等（2020）基于投资者最大化均值方差效用函数，在资产配置权重是 K 维公司特征变量的线性模型假设下，使用 LASSO（least absolute shrinkage and selection operator）算法来挑选最有效的特征变量，从而推断随机贴现因子中到底哪些因子对于定价最重要。

N 维降至 K 维。在面对数以千计的股票资产（在中国 A 股市场，$N>3\,000$），而特征变量数 K 相对较小时，这一方法大大降低了投资组合参数的估计难度并提升了估计精度。然而，随着研究发现的解释变量越来越多，形成"因子动物园"时需要加入权重模型的特征变量数 K 越来越大，参数化投资组合方法的估计也会面临"维度灾难"，导致传统回归方法的参数估计精度下降。为解决这个问题，DeMiguel 等（2020）在股票权重的 K 维线性模型下使用 LASSO 算法挑选最有效的特征变量来实现降维。

尽管 DeMiguel 等（2020）使用 LASSO 方法使得参数化投资组合在"因子动物园"背景下得到较准确的估计，但该研究领域仍存在三方面问题。首先，Brandt, Santa-Clara 和 Valkanov（2009）及 DeMiguel 等（2020）只考虑了权重的线性模型，忽略了最优权重和特征变量之间极可能存在的非线性预测关系。Aït-Sahalia 和 Brandt（2001）指出，即使假定收益率和特征变量服从线性预测关系，最优投资组合权重和预测变量之间也可能存在高度非线性关系，其原因在于求解的最优组合权重中包含协方差矩阵的逆。而 Freyberger, Neuhierl 和 Weber（2020）运用非参数自适应组 LASSO（adaptive group LASSO）算法研究公司特征变量与股票期望收益率间的非线性预测关系。他们的实证发现使用非线性预测模型构造的投资组合的样本外夏普比率比使用线性 LASSO 模型得到的结果高近 3 倍，从而证明特征变量和收益率间存在显著的非线性预测关系。其次，参数化投资组合方法能适用 LASSO 模型的前提假设是投资者具有均值方差效用函数，这样才能把最大化效用问题转化成一个具有约束条件的线性回归问题，符合 LASSO 的模型形式。然而在实际中，投资者偏好不太可能符合均值方差效用函数的描述，因为任何二阶矩以上的高阶矩在这一效用中均被忽略了。事实上，已有大量研究表明投资者很注重三阶矩偏度和四阶矩峰度 [Harvey 和 Siddique（2000）及 Dittmar（2002）等]。因此投资组合优化文献中通常会假设常数相对风险厌恶（CRRA）效用函数，然而在 CRRA 效用下，DeMiguel 等（2020）使用的 LASSO 降维方法则无法直接应用。最后，虽然在均值方差效用函数下可以选出最有效的特征变量，但并不能准确估计其在随机贴现因子中的载荷。Feng，Giglio 和 Xiu（2020）指出使用线性回归法或 LASSO 方法直接估计随机贴现因子中的因子载荷会产生遗漏变量带来的估计偏差，进而提出双重选择 LASSO 算法，通过第一步 LASSO 选出最能解释收益率的因子，再施加第二步 LASSO 筛选出遗漏变量，来消除估计误差。

1.2　本书的结构

针对前文提到的高维"因子动物园"背景下资产定价研究领域所面临的问题，本书从投资者最大化期望效用函数推导随机贴现因子定价因子、准确估计随机贴现因子中定价因子的风险载荷，以及预测横截面资产收益率这三个资产定价核心问题入手。我们分析并介绍了基于线性回归的传统计量分析方法所面临的"维度灾难"问题，并进一步探讨了常用的机器学习方法的适用性和优势。本书还以中国 A 股市场为主要应用场景，给出了详细的分析。

第二章简要概述了机器学习的概念和发展。首先对比了资产定价问题和传统机器学习问题在应用场景上的诸多差异，并介绍了两大类机器学习方法，即监督学习和无监督学习的区别。其次，将监督学习方法按照线性和非线性方法分类并分别进行介绍，然后介绍了主成分分析和聚类分析等无监督学习方法。最后，讨论了机器学习方法中关于超参数调节的相关问题。

第三章主要介绍了机器学习方法在投资组合优化问题中的应用。我们详细回顾了从 Markowitz（1952）的均值方差投资组合优化理论在配置大量资产时面临的参数估计问题，到 Brandt, Santa-Clara 和 Valkanov（2009）提出的参数化投资组合方法。该方法将待估计的资产权重建模为 K 个特征变量的线性函数，然后利用投资者的期望效用函数最大化来估计这 K 个参数，从而实现待估参数维度的降低。此外，我们从最大化投资者期望效用的角度出发，推导了随机贴现因子的表达式，并证明了文献中利用若干个定价因子表示随机贴现因子的做法本质上与求解最大化期望效用问题等价。这意味着在利用参数化投资组合方法进行组合优化时，我们同时基于所使用的特征变量信息构建随机贴现因子，从而将均值方差有效前沿、随机贴现因子和因子定价模型统一起来。

针对上一节提到的 DeMiguel 等（2020）使用线性 LASSO 方法求解参数化组合模型存在的问题，我们首先参考 Freyberger, Neuhierl 和 Weber（2020），运用自适应组 LASSO 把非线性模型引入参数化投资组合方法，检验非线性的特征变量是否能显著提升投资组合的样本外收益。其次，为了在求解最优化投资组合权重时能使用更广义的期望效用函数，而不仅局限于均值方差效用，借鉴模型平均（model averaging）的估计思想，我们提出全子集组合法（complete subset combination，CSC）。该方法在数量众多的 K 个特征变量中，每次估计只引入少量的 $k(k<K)$ 个变量来估计参数，再遍历 $K!/[(K-k)!k!]$ 种可能组合，把每次估计的参数值加总求均值作为参数估计值。通过全子集组合法，每次需估计的参数维度都是较小的 k，因而单次估计不需使用降维方法，不再受限于均值方差效用，可以适用于更广义的具有显性表达式的效用函数，如 CRRA 效用函数。每次求解效用最大化时只需令一阶条件为零，采用广义矩方法（GMM）来估计参数，再遍历所有可能组合求出参数均值即可。最后，应用我国 A 股市场数据对常用的机器学习方法和全子集组合法的实证表现进行详细的实证分析对比，并把最优权重构造出的投资组合作为潜在定价因子，叠加主流因子模型后，用于解释现存显著的市场异象并获得了最好的定价解释力。

第四章介绍了在高维"因子动物园"的背景下，如何使用机器学习方法准确估计随机贴现因子的因子载荷。在资产定价中，估计随机贴现因子是对资产进行准确定价的关键。本章从随机贴现因子的理论框架出发，介绍了随机贴现因子的定价理论。接着，我们介绍了双重选择 LASSO 算法在假设线性随机贴现因子模型下，如何通过纠正遗漏变量误差来识别有效定价因子，并给出了该方法在中国 A 股市场的应用研究结果。

进一步，我们考虑如果随机贴现因子模型存在非线性因子结构，那么双重选择 LASSO 算法将不再适用。因此，我们引入 Chernozhukov，Newey 和 Singh（2022）提出的一种自纠偏机器学习方法（automatic debiased machine learning，ADML）。通过在识别矩条件中加入影响函数（influence function），将偏差调整为两个估计量偏差的乘积，从而确保估计量的一致性。最后，我们介绍了如何使用 ADML 算法来识别随机贴现因子中真正具有定价能力的有效因子，并给出了中国 A 股市场的实证研究结果。

第五章介绍如何使用机器学习方法进行样本外横截面收益率预测。剖析股票收益的横截面数据是资产定价研究的核心主题之一。我们首先介绍线性模型和自适应组 LASSO 等非线性模型进行样本外收益率预测的方法。使用中国 A 股市场数据，我们把自适应组 LASSO 与其他线性机器学习模型的变量筛选结果进行对比，识别出了中国股票市场 100 个股票特征变量中具有显著预测能力的因子。

其次，我们比较了非线性预测模型与线性预测模型筛选出的预测变量，发现和非线性模型相比，线性模型在全样本中选出了更多的变量，但使用线性模型收益率预测构造的多空投资组合的夏普比率和异常收益率 alpha 均低于非线性模型。使用线性模型选出的特征变量，但用非线性模型进行预测时，我们发现多空组合的年化夏普比率比使用同样变量的线性模型预测时提高了 0.5 以上，说明使用同样变量时，非线性预测结构显著提升了样本外预测的准确性。另外，使用非线性模型选出的特征变量，用线性模型进行预测时，其多空投资组合的夏普比率也高于使用线性模型选出的变量进行线性预测的组合。这表明非线性模型在特征变量筛选上比线性模型能更有效地发现最重要的收益预测变量。

最后，我们通过线性或二次样条非线性回归来使用单个特征预测收益，然后使用预测组合方法、主成分回归和偏最小二乘法等对使用单个特征预测得到的收益进行聚合，结果非线性收益预测仍然具有更好的效果。这些实证发现强调了非线性结构在特征变量筛选和收益预测中的重要性。

1.3   本书的特点和局限性

目前已有的关于机器学习和资产定价方面的著作主要有两本。Nagel（2021）侧重于通过贝叶斯统计学框架来增强机器学习方法在资产定价应用中的可解释性，具体是对定价因子的主成分投资组合的夏普比率加以贝叶斯先验约束，进而检验随机贴现因子模型是否满足稀疏性假设。通过近似无套利条件来约束夏普比率不能过大，为LASSO 和弹性网络等机器学习方法的应用给出了清晰的经济学解释。吴辉航、魏行空和张晓燕（2022）则比较类似 Gu，Kelly 和 Xiu（2020），重点研究机器学习方法对横截面股票收益率的样本外预测，并给出了中国市场的实证分析结果。

本书侧重于从投资者最大化期望效用函数入手，在求解最优参数化投资组合中引入机器学习方法，实现对待估参数的降维和精确估计。同时还提出全子集组合法，其参数估计更加简单，适用性更强，可用于 CRRA 等更具一般性的效用函数。因此，基于机器学习和全子集组合法来优化参数化投资组合更具实用性。

在业界应用方面，智能投顾是一种基于机器学习、智能算法、云计算等新科技手段服务于个人投资者的智能财富管理服务，其本质是依据投资者的风险偏好与财务状况，利用大数据结合前沿的资产组合优化理论来提供最佳风险收益比的个性化投资策略。2019 年 10 月，中国证监会发布《关于做好公开募集证券投资基金投资顾问业务试点工作的通知》，标志着基金投资顾问业务试点正式推出。面对中国庞大的人口基数与不断增长的资产管理需求，基金智能投顾业务在服务居民理财需求、合理引导直接融资和助力普惠金融方面具有巨大发展潜力。结合大数据信息采集实现对投资者风险偏好特征的精确画像，再应用某种显性效用函数拟合出投资者的风险偏好，则全子集组合法可以针对不同类型的投资者给出对任意一组资产的最优投资权重配比。在实际应用中，全子集组合法还可以考虑交易成本对投资组合权重的影响①，并加入更多股票交易类的高频数据，实现对最优权重的更高频率更新，因此该方法在智能投顾中具有良好的应用前景。

本书的结构安排也紧密契合资产定价领域的文献发展历程，以投资者最大化期望效用函数构造最优投资组合为出发点，并根据随机贴现因子和最优投资组合的等价性，提出新的定价因子。进而在"因子

---

① 考虑交易成本影响的实证应用可以参考 Maasoumi 等（2022）。

动物园"背景下，介绍如何使用机器学习方法来准确估计随机贴现因子模型中的因子载荷，确定最优因子定价模型。最后探讨如何利用已有的大量市场异象和机器学习方法来提高样本外收益率预测效果。正如资产定价学科从马科维茨（Markowitz）的均值方差投资组合优化理论起源，进而由市场均衡条件推导出具有最大夏普比率的切点投资组合必然是市场组合，并衍生出了以市场组合为单风险因子的 CAPM。随着 Fama（1970）提出有效市场假说，文献开始大量研究能预测横截面资产收益率的市场异象，并促进了因子定价模型的迭代升级。这种结构安排有利于读者在把握资产定价学科发展脉络的同时，了解机器学习方法在这三个主流研究方向上的最新应用成果。

本书的另一个特点是注重机器学习方法在资产定价应用中的可解释性。经济学和金融学的学术研究对复杂的机器学习方法，例如深度神经网络模型等的应用，一直存在一些顾虑。其核心原因是这类方法的优化预测过程往往是一个黑箱（black box）。由于其模型内部的复杂性和非线性，输入变量和输出结果之间缺乏直观的、可解释的关系，也很难和现有的经济学、金融学理论联系起来。如果只关注样本外预测的准确性，这个黑箱问题可能不会造成太大的影响。但是经济学和金融学的研究着眼于国计民生的重大问题，经济和金融学者有责任去探求事物本质的因果联系，并需要向政策制定者、消费者和投资者解释模型的决策过程，因而可解释性和透明度至关重要。

为了规避黑箱问题，本书主要关注简单、具有明确函数形式且易于解释的机器学习方法①，例如 LASSO、岭回归、弹性网络和主成分回归等。在投资组合优化和随机贴现因子识别部分，虽然使用了隐藏层数量较少的神经网络模型，但其主要目的是与其他简单机器学习方法的实证效果进行对比。在撰写过程中，作者非常重视解释由机器学习方法得到的实证结果。第三至五章的核心实证目标是从超过 100 个特征变量中筛选出对投资组合优化、因子定价模型和横截面收益率预测最重要、解释力最强的变量。

除此之外，本书强调允许特征变量与收益率之间的非线性关系对于提升模型预测和解释能力至关重要。因此，在线性机器学习方法（如 LASSO、岭回归和弹性网络）之外，还引入了加入非线性高阶项的非参数组 LASSO 等机器学习模型。实证结果表明，这类非线性方法在投资组合优化和样本外预测方面表现出色，同时保留了筛选变量的可解释性特征，因而在模型预测性能和可解释性之间实现了较好的平衡。

本书主要基于作者在相关领域发表的多篇研究论文的精炼。其目标并不是全面概述机器学习方法在资产定价全领域的应用，而是更多地反映了作者关于机器学习方法在解决资产定价中三个核心问题上所能带来的改进和局限性的思考。本书的内容自然会受限于作者的研究方向，其中一个未涉及的重要应用场景是利用机器学习方法进行资产收益率的时间序列预测。在这个研究领域，作者在攻读博士学位期间

---

① 本书对机器方法的选择思路和 Nagel（2021）接近，Nagel（2021）主要应用可解释性强的 LASSO、岭回归和弹性网络等线性机器学习方法。

的校外导师、圣路易斯华盛顿大学的周国富教授撰写了一篇非常出色的综述文章。感兴趣的读者可以参阅 Rapach 和 Zhou（2020）。除了前述内容，还有一些本书未涉及的机器学习方法，包括复杂的深度学习方法以及近期非常流行的基于生成式人工智能的大型语言模型。这些模型，如 BERT 和 ChatGPT，在资产定价领域同样具有潜在应用价值。①

---

① Jiang，Kelly 和 Xiu（2022）使用大型语言模型对新闻进行深度文本分析，并将其应用于预测市场收益率。

第二章 资产定价中的机器学习方法

从不同角度对资产收益率进行预测是现有的资产定价研究的基础。随着金融环境的持续变化以及可用于预测的变量不断扩展，机器学习方法对于投资组合优化、定价因子识别和股票横截面收益率预测等高维估计问题具有广泛的适用性。

理解机器学习方法在资产定价领域的应用会面临哪些问题，首先需要明确其定义和区别。人工智能先驱 Samuel（1959）最早提出了"机器学习"一词。早在 1952 年，塞缪尔（Samuel）在 IBM 公司研制了一个西洋跳棋程序，这个程序具有自学习能力，可通过分析大量棋局逐渐辨识出当前局面下的"好棋"和"坏棋"，从而不断提高弈棋水平，并很快就下赢了塞缪尔本人。1956 年，塞缪尔应约翰·麦卡锡（John McCarthy，"人工智能之父"，1971 年图灵奖得主）之邀，在标志着人工智能学科诞生的达特茅斯会议上介绍这项工作，并将机器学习定义为"不显式编程地赋予计算机能力的研究领域"。自此，"机器学习"正式进入了大众的视野并成为重要的计算机科研领域之一。20 世纪末计算机学科蓬勃发展，Mitchell（1997）进一步提出，一个计算机程序被称为可以学习，是指它能够针对某个任务 T（task）

和某个性能指标 P（performance），从经验 E（experience）中学习。这种学习的特点是：它在任务 T 上被性能指标 P 所衡量的性能，会随着经验 E 的增加而提高。由此，机器学习的定义进一步完善。

机器学习已逐渐发展成为人工智能领域的核心研究方向之一，其主要目标在于赋予计算机系统类似于人类的学习能力，以实现真正的人工智能。目前被广泛接受的机器学习定义为"通过经验提高计算机系统的性能"。由于计算机系统中的"经验"主要以数据形式存在，因此机器学习需要采用技术手段对数据进行深入分析，这使得它成为智能数据分析领域的关键创新驱动力之一，并日益受到广泛关注。在本章中，我们将阐述典型机器学习问题与资产定价问题之间的差异，并简要介绍主流机器学习方法。

2.1 机器学习的定义和主要类别

（一）典型机器学习问题和资产定价问题的区别

计算机科学中典型机器学习问题与资产定价问题之间具有一些重要区别。在数据方面最重要的区别在于数据的信号噪声比。资产定价问题中，由于预测期望收益时训练数据的收益的条件期望值 $E_t[r_{t+1}]$ 未知，只能观测到收益率的实现值 r_{t+1}，但观测值中同时包含 $E_t[r_{t+1}]$ 和噪声信号 ε_{t+1}。同时收益率的条件期望值在横截面或时间序列上的方差在收益率的总方差中占比也很小，信号噪声比相应较低。在数据维度方面，收益率训练数据观测值通常较少也加剧了信号噪声较低的问题，加之预测变量缺乏高频变化以及市场微观结构会发生变化导致预测结构发生机制转换（regime-switch）等原因，致使收益率的条件期望值的可预测性往往很低。

从关注角度而言，资产定价问题一般不关心单个资产的收益率预测是否精准，而更关注是否能构建具备良好风险-收益性质的投资组合。那么，对个股进行良好预测的模型是否也能产生表现最优越的投资组合？本书的核心内容正是研究利用个股收益率的可预测特征来实现投资组合优化。进一步地，由于预测误差的协方差矩阵很大程度上决定了投资组合的波动率，其对于投资组合的均值方差性质较为重要，因而将在模型选择、正则化、预测表现的评价、构建投资组合等方面对机器学习在资产定价中的应用产生显著影响。

此外，预测问题的一个关键特点是模型是否具备"稀疏性"（sparsity）。在资产定价问题中，所有观测到的变量都是某些潜在变量的带噪声信号，其中某些变量可能与问题高度相关，而另一些变量可能几乎不相关。传统资产定价研究通常假设"稀疏性"，即只需少量预测变量或因子就能充分解释不同资产预期收益率之间的差异。例如，经典的 Fama-French 三因子模型就是稀疏性假设的代表，它认为仅需三个因子就能解释横截面预期收益率。而机器学习方法提供了一种不强加"稀疏性"假设约束的数据驱动估计方法，它能从数据中学习特征。这有助于我们在复杂的现实环境下探索高维变量之间的联合效应和统计特征间的相互作用，从而更有效地解释潜在风险差异对股票收益率的影响。

值得一提的是，基础差别还包括投资者是否可以进行学习从而使训练数据发生结构性的变化。考虑到资产价格是人们根据历史数据进行投资决策的结果，收益率的潜在数据生成过程可能并不是时间序列平稳的，例如在 t 时刻前，因子 x 能较好地预测收益，但在 t 时刻投资者发现了这个因子并进行了大量交易，将会使收益可预测性在随后的时段消失，即在 t 时刻数据发生了结构性的变化。这种市场参与者的内生行为导致在样本内发现的规律在样本外失效的现象和宏观经济学中经典的"卢卡斯批判"（Lucas，1976）类似。[①] 但由于缺乏内生的机制驱动后续数据性质的改变，当前依然没有合适的理论来指导如何使机器学习算法适应资产定价数据结构性的变化。

（二）监督学习及无监督学习的区分

关于监督学习及无监督学习的区分最早源自统计学习对数据的理解和应用。具体而言，监督学习涉及建立具体的统计模型，用于预测或估计基于一个或多个输入的输出，并可以在商业、医学、天体物理学和公共政策等各类不同领域进行应用。就具体目标而言，监督学习

---

① 卢卡斯批判（Lucas critique）是一种针对宏观经济模型的质疑，尤其是对在制定经济政策时依赖历史数据的方法的质疑。卢卡斯批判强调在分析经济政策影响时应考虑微观基础，即个体行为和决策。其核心观点在于，从历史数据中观察到的关系并不能保证在新的经济政策下仍然成立。当政策发生变化时，人们的预期和行为也会随之调整，导致模型的参数发生变化。因此，仅仅依赖历史数据可能会导致对政策影响的错误预测。

是基于 K 个预测变量（predictor）或者 $K \times 1$ 维特征（feature）向量 x_i，通过建立预测变量和响应变量 y_i 之间的关系，精准预测响应变量或更好地理解预测得到的响应变量与预测变量的关系。对应到实践中，也就是使用训练数据 $\{y_i,\ x_i\}_{i=1}^{N}$，在

$$y_i = f(x_i) + \varepsilon_i \qquad\qquad (2\text{-}1)$$

中寻找未知函数 $f \in \mathcal{F}$，其中 ε 表示不可由 x 预测的均值为 0 的部分。假设训练数据和样本外数据由同一个统计模型式（2-1）产生，由训练数据估计得到的 $\hat{f}(x_i)$ 是一个很好的样本外预测变量。进一步地，将响应变量按照连续数值与离散数值进行细分，监督学习又包括回归（regression）与分类（classification）两大类模型，分别用于连续变量（定量问题）和离散变量（定性问题）的预测。在资产定价中，适用于推出连续变量的回归问题更加普遍。考虑不同的 $\mathcal{F}$，不同回归方法又分别适用于线性与非线性模型，线性回归在计量中常见，非线性回归则类似于计量中的非参数估计方法，如核回归等。

不同于上述监督学习的情形，在无监督学习中，只有预测变量的观测向量 x_i，也就是有输入向量但没有相应的响应变量来监督输出。换言之，无监督学习无法提前告知算法数据集中不同类型数据对应的标签。然而，即便缺乏响应变量来指导数据分析，我们也可以从这些数据中学习相应的关系和结构。在下一节中，我们将具体展开介绍。

2.2   机器学习方法介绍

（一）监督学习：线性回归和收缩估计方法

1. OLS 模型

假设统计模型式（2-1）中的 $f(x_i)$ 是线性的，则有

$$y_i = x_i^{\mathsf{T}} g + \varepsilon_i \tag{2-2}$$

其中 $g = (g_1, \cdots, g_K)^{\mathsf{T}}$ 是系数向量。尽管 y_i 关于 x_i 是线性的，x_i 中可以有预测变量的非线性转化，即 x_i 中可以有计量中解释变量交互项之类的变量。将训练集中的 N 个观测堆叠为 $N \times 1$ 维的 $y = (y_1, \cdots, y_N)^{\mathsf{T}}$ 和 $N \times K$ 维的 $X = (x_1, \cdots, x_N)^{\mathsf{T}}$。由最小化均方误差（mean squared error）得到 g 的估计

$$\hat{g}_{\mathrm{OLS}} = \arg \min_g (y - Xg)^{\mathsf{T}} (y - Xg) = (X^{\mathsf{T}} X)^{-1} X^{\mathsf{T}} y \tag{2-3}$$

由此，样本内拟合值为 $\hat{y} = X\hat{g}$。

高维数据问题中 K 相对于 N 并不会很小，此时样本内 R^2 会很大，但是样本外 R^2 会很小甚至为负，过拟合（overfitting）使得由 OLS 估计得到的预测不可信，原因是相比于观测数量 N 有过多协变量（covariate）使 OLS 过拟合（可以理解为重复使用少量的观测训练模型所致），$\hat{g}$ 拟合了噪声而非真实信号。$K > N$ 时 OLS 估计的结果甚至不是

唯一的，但是这些拟合结果往往拟合了 ε_i 而非 $f(x_i)$。

针对高维数据中解释变量维度 K 较大（相对于样本数量 N）的问题，统计学习文献中采用基于收缩估计（shrinkage estimation）的回归方法，此类方法的系数估计量并不满足无偏性，但估计量的方差更小，所以其均方误差更小，在模型预测上会有更好的效果。以下介绍岭回归、LASSO 回归和弹性网络三种最具有代表性的收缩估计方法。

2. 岭回归

在 K 很大时，为了改善预测的表现，对 $\hat{g}$ 中太大的元素施加限制，在最小化均方误差的基础上施加 L2 惩罚 $\|\hat{g}\|_2^2 = g^\mathsf{T} g$（Hoerl and Kennard，1970a，1970b），从而得到 g 的岭回归（ridge regression）估计：

$$\hat{g}_{\text{Ridge}} = \arg \min_g \left[(y-Xg)^\mathsf{T}(y-Xg) + \gamma g^\mathsf{T} g \right] = (X^\mathsf{T} X + \gamma I_K)^{-1} X^\mathsf{T} y$$

$$(2\text{-}4)$$

其中，$I_K = \text{diag}(1, \cdots, 1)$。目标函数第一项为损失，第二项为惩罚项，超参数 γ 控制了惩罚的强度，求逆矩阵的时候 γI_K 使回归系数向 0 收缩。在特殊情况 $X^\mathsf{T} X = I_K$ 下，$\hat{g}_{\text{Ridge}} = \hat{g}_{\text{OLS}} / (1+\gamma)$。

3. LASSO 回归

类似于岭回归，对估计目标函数施加 L1 惩罚 $\|\hat{g}\|_1 = \sum_{j=1}^{K} |g_j|$（Tibshirani，1996），从而得到 g 的 LASSO 回归估计：

$$\hat{g}_{\text{LASSO}} = \arg\min_g \left[(y - Xg)^\mathsf{T}(y - Xg) + \gamma \sum_{j=1}^{K} |g_j| \right] \quad (2\text{-}5)$$

此时$\hat{g}_{\text{LASSO}}$关于y非线性，并且一般没有解析解，但可以通过最小角回归（Hastie，Tibshirani，and Friedman，2009）等算法得到数值解。LASSO 回归会使估计的系数向 0 收缩，由于 L1 惩罚项的加入，还可以使某些变量的系数压缩到 0，因而可以实现变量筛选稀疏的系数估计。特殊情况 $X^\mathsf{T}X = I_K$ 时，$\hat{g}_{j,\text{LASSO}} = \text{sgn}(\hat{g}_{j,\text{OLS}})(\hat{g}_{j,\text{OLS}} - \gamma)^+$。

4. 弹性网络

LASSO 回归在舍弃高度正相关的两个变量中的一个时，可能是数据中的噪声起了决定性的作用，所以应该将两个变量的均值留在模型中，取均值有助于消除噪声，而这正是岭回归做的事情，由此结合 LASSO 回归与岭回归得到弹性网络（elastic net）（Zou and Hastie，2005）

$$\hat{g}_{\text{EN}} = \arg\min_g \left[(y - Xg)^\mathsf{T}(y - Xg) + \gamma_1 \sum_{j=1}^{K} |g_j| + \gamma_2 g^\mathsf{T}g \right]$$

$$(2\text{-}6)$$

弹性网络也会使部分系数收缩为 0，但是其变量筛选程度没有 LASSO 回归那么强，并且也会有类似岭回归那样的系数收缩。LASSO 回归、岭回归、弹性网络对变量的缩放敏感[1]，所以一般应该先对输入的变量进行标准化使其均值为 0、标准差为 1。但在一些经济金融学

---

[1]　可以考虑 $X^\mathsf{T}X = I_K$ 的情况。

应用中，模型中的回归系数具有明确的经济学含义，其中对应的变量受到经济学模型的约束，对其进行标准化会影响模型系数的经济学解释。例如 Kozak，Nagel 和 Santosh（2020）应用岭回归和弹性网络来检验随机贴现因子模型是否具有稀疏性，为了保留定价因子风险价格系数的经济学含义，并没有对因子的收益率和协方差矩阵做标准化处理。

（二）监督学习：非线性方法

1. 回归树（CART）

回归树（Breiman，et al.，1984，2017）通过多维阶跃函数来近似非线性函数 $f(x_i)$。特征空间由多个包含各个 x_i 的邻近区域，即"叶子"组成，基于回归树的算法一般使用递归二元划分算法划分特征空间。寻找能最小化残差平方和的全局最优划分在计算上是不可行的，一般使用贪婪算法（如 Hastie，et al.，2009），对所有数据根据每一个特征依据不同阈值进行二元划分并找出能最优化这一步拟合的做法，对划分得到的数据集，即"域"，重复上述操作，直到每一个域内的观测值数量足够少。用 $R_1, \cdots, R_H$ 表示根据 $x = (x_1, \cdots, x_K)$ 划分出的域，$\overline{y}_h$ 是满足 $x_i \in R_h$ 的观测值 y_i 的等权重均值。当 $x_i \in R_h$ 时，$\hat{f}(x_i) = \overline{y}_h$。非参数统计中常用的核回归（kernel regression）的应变量 y 估计值为待预测点邻域内观测值的均值，不过邻域的选取和对数据进行加权的方法更复杂一些。

为了避免过拟合，从一个足够大、必然过拟合的树开始剪枝。假

设初始有 H 片叶子，寻找一个使剪枝后的树能够最小化受到的惩罚的残差平方和

$$\sum_{h=1}^{H} \sum_{x_i \in R_h} (y_i - \bar{y}_h)^2 + \gamma H \tag{2-7}$$

调整参数（tuning parameter） $\gamma = 0$ 时不进行剪枝， γ 越大剪枝越剧烈。

2. 随机森林（random forest）

对树的大小进行惩罚的替代措施是使用随机森林（Breiman, 2001），令树达到最大（叶的规模达到最小），使用自助聚合（bootstrap aggregation）来降低过拟合。假设 x_i 有 J 个特征。从训练数据集中获取一个和原数据集同样大小的自助抽样，随机选择 $m < J$ 个特征，由此产生一个使叶的规模达到最小的树，反复抽样得到一个"森林"，调节 m 可以改变惩罚力度，最终 x_i 对应的估计值为这些树在 x_i 处估计值的均值，这种取均值的方法消除了不同树、不同的过拟合噪声带来的影响。

3. 神经网络（neural network）

对于单层全连接神经网络，假设输入 x_i 有 J 个特征，输出 y_i ，神经网络隐藏层（hidden layer）有 H 个节点（node），拟合模型 $y_i = f(x_i) + \varepsilon_i$ ，则神经网络可以表示为

$$f(x_i) = a_2 + w_2^\top g(a_1 + W_1 x_i) \tag{2-8}$$

其中 $a_1 + W_1 x_i$ 表示潜变量（latent variables）。激活函数（activation

function） g 是非线性的，对潜变量逐个元素进行操作，如使用 ReLU 函数 $g(z)=\max\{0,z\}$。神经网络最终输出 $f(x_i)$。

隐藏层节点数量足够多时，神经网络可以近似任意非线性函数；深度神经网络（DNN）一般有 10~20 层，更多层的神经网络可以表示为

$$f(x_i)=a_3+w_3^{\mathsf{T}}g[a_2+W_2^{\mathsf{T}}g(a_1+W_1x_i)] \tag{2-9}$$

在全连接的情况下，记第 p 个隐藏层节点数量为 H_p，则增加第 $p+1$ 个隐藏层会增加 $H_{p+1}\times H_p+H_{p+1}$ 个参数。实践中，对于拟合而言，添加层数比在一层中添加节点可能更有效，相关讨论可参考 Ba 和 Caruana（2014）。

神经网络输入之间的交互效应对输出不可加，这种非线性在资产定价应用中非常重要。考虑单一隐藏层中有两个节点的全连接神经网络，设

$$W_1=\begin{bmatrix} 1 & 1 \\ -1 & -1 \end{bmatrix}$$

$g(z)=\max\{0,z\}$，$a_1=(a_{1,1},a_{1,2})^{\mathsf{T}}$，其中 $a_{1,2}>a_{1,1}$，则此时

$$f(x_i)=a_2+w_{2,1}\max\{0,a_{1,1}+x_{i,1}+x_{i,2}\}+w_{2,2}\max\{0,a_{1,2}-x_{i,1}-x_{i,2}\}$$
$$\tag{2-10}$$

第二项在 $x_{i,1}+x_{i,2}>a_{1,1}$ 时才能被激活，第三项在 $x_{i,1}+x_{i,2}<a_{1,2}$ 且足够小时才能被激活，即体现了交互效应的不可加性。

记所有参数的集合为 θ，使用最小化均方误差目标函数训练神经网络

$$\min_{\theta} \sum_{i=1}^{N} \left[y_i - f(x_i;\theta) \right]^2 \tag{2-11}$$

可以使用随机梯度下降（stochastic gradient descent，SGD）或者拟牛顿法（quasi-Newton methods）等数值方法求目标函数的最小值。使用光滑的激活函数如 sigmoid 函数 $g(z) = \left[1+\exp(-z) \right]^{-1}$ 可以方便求解。过大的神经网络也会有过拟合问题，可以施加类似岭回归 L2 惩罚的正则化

$$\min_{\theta} \sum_{i=1}^{N} \left[y_i - f(x_i;\theta) \right]^2 + \gamma \theta^{\mathsf{T}} \theta \tag{2-12}$$

在使用激活函数 sigmoid 的情况下，参数收缩使神经网络向线性回归模型收缩，如果输入观测的值很大，从而对应的权重参数很小，则正则化无效，所以一般仍然要将输入标准化，使其均值为 0、标准差为 1。

（三）无监督学习

前面的线性方法和非线性方法都属于监督学习方法，可以使用结果变量对模型的训练效果进行评估；无监督学习方法则没有目标变量来评估模型的好坏，主要用于分析数据本身的特征，如主成分分析、K-均值聚类等。

1. 主成分分析

主成分分析用于揭示变量之间的相关性特征，可以用低维独立数据描述高维数据的变化。考虑一组随机变量 $x_i = (x_{1i}, x_{2i}, \cdots, x_{ki})$，其

方差协方差矩阵为 Σ。设 $w_i = (w_{i1}, w_{i2}, \cdots, w_{ik})$ 为一组 k 维权重向量，那么以 w_i 为权重（载荷）的随机变量 x_i 线性组合为

$$y_i = w_i'x = \sum_{j=1}^{k} w_{ij}x_j \qquad (2\text{-}13)$$

这里我们将 w_i 标准化为 $w_i'^{w_i} = \sum_{j=1}^{k} w_{ij}^2 = 1$ 以确保方差有限。随机变量 y_i 的方差和协方差为

$$\text{Var}(y_i) = w_i'\Sigma w_i \qquad (2\text{-}14)$$

$$\text{cov}(y_i, y_j) = w_i'\Sigma w_j \qquad (2\text{-}15)$$

其中 $i, j = 1, 2, \cdots, k$。主成分分析的目的是找出一系列 w_i 使得随着 i 增大，y_i 的方差逐渐减小，并且对于任意 $i \neq j$，y_i 和 y_j 的相关性为零。找出 w_i 的步骤是：

（1）$i = 1$，最大化 $\text{Var}(y_1) = w_1'\Sigma w_1$，约束是 $w_1'^{w_1} = 1$；

（2）$i = 2$，最大化 $\text{Var}(y_2) = w_2'\Sigma w_2$，约束是 $w_2'^{w_2} = 1$ 和 $\text{cov}(y_2, y_1) = 0$；

（3）$i = j$，最大化 $\text{Var}(y_j) = w_j'\Sigma w_j$，约束是 $w_j'^{w_j} = 1$ 和 $\text{cov}(y_j, y_s) = 0$，$\forall s = 1, 2, \cdots, j-1$。

这一优化过程给出的最优载荷向量恰好是 Σ 的特征向量，并且相对应的特征值逐项递减。令 $(\lambda_1, e_1), (\lambda_2, e_2), \cdots, (\lambda_k, e_k)$ 为 Σ 的特征值（特征向量对），并且 $\lambda_1 \geq \lambda_2 \geq \cdots \geq \lambda_k \geq 0$（$\Sigma$ 是非负定的，所以特征值非负）。那么，第 i 个主成分为 $y_i = e_i'x = \sum_{j=1}^{k} e_{ij}x_j$，其方差为 $\text{Var}(y_i) = e_i'\Sigma e_i = \lambda_i$。第 $i, j(i \neq j)$ 个主成分的协方差为 $\text{cov}(y_i, y_j) =$

$e_i'\Sigma e_j' = 0$。进一步地，随机变量 x_i 的总方差恰好等于所有主成分的总方差，

$$\sum_{i=1}^{k} \mathrm{Var}(x_i) = \mathrm{tr}(\Sigma) = \sum_{i=1}^{k} \lambda_i = \sum_{i=1}^{k} \mathrm{Var}(y_i) \qquad (2\text{-}16)$$

所以主成分 i 所能解释的变量总体变化的比例等于对应的特征值与所有特征值的和之比，即

$$\frac{\mathrm{Var}(y_i)}{\sum_{i=1}^{k} \mathrm{Var}(x_i)} = \frac{\lambda_i}{\lambda_1 + \lambda_2 + \cdots + \lambda_k} \qquad (2\text{-}17)$$

特别地，对主成分再进行线性组合并不能构造出一个方差更大的主成分。前几个主成分包含了原随机变量的大部分信息，可以用其替代原随机变量作为训练模型的输入，大大降低数据的维度。由于主成分之间并没有相关性，在线性模型中用主成分替代原有随机变量可以避免多重共线性问题。

2. K-均值聚类

聚类是根据数据本身特征对数据进行分组的技术。给定 n 个观测值 x_1，x_2，$\cdots$，x_n，每个观测都有 k 维特征，K-均值聚类把 n 个观测值分成互不交叠的 K 个子组 $S = S_1$，S_2，$\cdots$，S_k，这里的 K 需要提前给定。K-均值聚类技术通过最小化组内平方和（within-cluster sum of squares，WCSS）来求出分组 S，

$$\mathrm{argmin}_S \sum_{i=1}^{k} \sum_{x \in S_i} \|x - \mu_i\|^2 = \mathrm{argmin}_S \sum_{i=1}^{k} |S_i| \mathrm{Var}(S_i) \qquad (2\text{-}18)$$

其中 μ_i 是子组 S_i 的元素均值，即 $\mu_i = \dfrac{1}{|S_i|}\sum\limits_{x\in S_i} x$，这里 $|S_i|$ 指 S_i 的元素个数，$\|\cdot\|$ 是 L2 惩罚项，即欧几里得距离。由于 $|S_i|\sum\limits_{x\in S_i}\|x-\mu_i\|^2 = \dfrac{1}{2}\sum\limits_{x,\,y\in S_i}\|x-y\|^2$，$K$-均值聚类最小化同一子组内的两两元素的变差，

$$\mathrm{argmin}_S \sum_{i=1}^{k} \frac{1}{|S_i|_x}\sum_{x,\,y\in S_i}\|x-y\|^2 \qquad (2\text{-}19)$$

由于总体的变差是不变的，因此最小化 WCSS 等于最大化子组间的平方变差（between-cluster sum of squares，BCSS）。在实践中，可以采用 Lloyd 算法得到 WCSS 或 BCSS 问题的数值解。

（四）调节超参数

超参数（hyperparameters）指在使用训练样本估计机器学习模型前需要预先设置值的参数，而非通过数据直接估计得到的参数。一般而言，超参数用于定义机器学习模型的更高层次的概念，比如模型复杂度或学习能力，其不能直接从模型训练数据集中学习，需要预先定义。机器学习方法，尤其是监督学习方法的实证应用效果往往受超参数取值的影响很大，可以通过设置不同的测试值，训练不同的模型并观察其在训练样本外的验证集中的表现来调节优化超参数取值。

机器学习方法中常见的超参数包括：收缩估计法中调节对系数正则化约束条件强弱的参数，树方法中树的数量或树的深度，深层神经网络隐藏层数，主成分分析中潜在主成分的数量，K-均值聚类中的子组数

量等。下面我们以岭回归为例，简要介绍超参数的作用，以及在收缩估计法中常用的超参数优化调节方法。在岭回归中，样本内均方误差为

$$\text{mse}(\gamma) = \frac{1}{N} [y - X\hat{g}(\gamma)]^{\top} [y - X\hat{g}(\gamma)] \tag{2-20}$$

其中，N 为观测数量，γ 为岭回归的超参数。$\hat{g}(\gamma)$ 过拟合的程度与模型复杂度有关，OLS 回归的模型复杂度只与变量个数有关，岭回归的收缩限制了估计值从而降低了模型复杂度，要兼顾最小化样本内 $\text{mse}(\gamma)$ 和降低模型复杂度对样本外预测的好处以选择最优的 γ。

对于存在 $\hat{x} = Hx$ 的线性模型（如 OLS 回归），可以用有效参数数量 $\text{tr}(H)$ 表现模型复杂度（Hastie，Tibshirani，and Friedman，2009），其中 $\text{tr}(\cdot)$ 表示求迹，在岭回归的情况下参数有效数量为

$$d(\gamma) = \text{tr}[X(X^{\top}X + \gamma I_K)^{-1} X^{\top}] \tag{2-21}$$

在 OLS 回归中，$d(0) = \text{tr}(I_K) = K$；在岭回归中，$\gamma > 0$ 时，$d(\gamma) < k$，例如在 $X^{\top}X = I_K$ 的情况下 $d(\gamma) = k/(1+\gamma)$。

综合参数有效数量和样本内误差得到对拟合的测度如 AIC（Akaike information criterion），在岭回归的情况下，假设 ε 是独立同正态分布的高斯噪声，则

$$\text{AIC}(\gamma) = N\log[\text{mse}(\gamma)] + 2d(\gamma) \tag{2-22}$$

γ 增加使 $\text{AIC}(\gamma)$ 第一项增加、第二项降低，最小化 AIC 得到最优超参数 $\hat{\gamma}$。AIC 的缺点在于，它难以找到非线性模型的有效参数数量，即使应用于线性模型也依赖于很强的假设，降低 ε 独立同正态分布的要求需要假设特定形式的似然函数。

纯数据驱动的确定超参数的方法是交叉验证（cross-validation，CV），将估计得到的模型在验证集（X_v, y_v）上的预测误差作为最小化目标，Stone（1977）证明了由 CV 和 AIC 选择模型是渐进等价的。在岭回归的情况下

$$\hat{\gamma} = \arg \min_{\gamma} [y_v - X_v\, \hat{g}(\gamma)]^{\top} [y_v - X_v\, \hat{g}(\gamma)] \tag{2-23}$$

使用 k 折交叉验证可以改善数据利用效率，即把整个数据集划分为同等大小的 k 份，进行 k 轮操作，每次使用其中的一份做模型验证，剩下的 $k-1$ 份做模型估计，最优超参数能最小化 k 个预测误差的均值。例如在岭回归的情况下

$$\hat{\gamma} = \arg \min_{\gamma} \frac{1}{k} \sum_{j=1}^{k} [y_{v(j)} - X_{v(j)}\, \hat{g}_{-v(j)}(\gamma)]^{\top} [y_{v(j)} - X_{v(j)}\, \hat{g}_{-v(j)}(\gamma)]$$

$$\tag{2-24}$$

其中 $v(j)$ 表示划分得到的第 j 份数据集，$-v(j)$ 表示除去第 j 份剩余的数据集。那么如何确定 k 折交叉验证中最优的 k 呢？k 小则估计参数使用的数据少，导致对预测误差的评估偏悲观；k 大则每次估计模型使用的数据有较大程度的交叠，虽然对模型预测误差的估计更倾向于无偏，但是预测误差会有较大的方差，因为新抽取的验证集预测误差有更大的不确定性，由此存在一个对预测误差的偏差与方差的权衡；另外 k 过大还会增加计算量。实践中一般选择远小于 N 的 k。

由于要最小化预测误差的均值，所以应该选择 $\hat{\gamma}$ 以得到对预测误差的偏乐观的评估。数据集中还应划分出一个额外的不用于训练和验证的测试集，在测试集上评估预测误差。

第三章 投资组合优化

本章介绍资产定价领域的基础性研究问题，即投资组合优化问题。3.1 节首先介绍经典的 Markowitz（1952）均值方差投资组合优化理论以及其在高维数据环境下的局限性。3.2 节介绍 Brandt，Santa-Clara 和 Valkanov（2009）提出的参数化投资组合优化理论，该方法将所需优化的股票权重写成 K 个特征变量的线性函数，再针对投资者的期望效用函数求最大化从而估计出这 K 个参数。3.3 节从最大化投资者期望效用出发，推导随机贴现因子的表达式，并证明文献中利用若干个定价因子表示随机贴现因子的做法本质上与求解最大化期望效用问题等价。3.4 节介绍如何利用多种常用的机器学习方法实现降维来有效估计最优参数化投资组合权重。3.5 节简要介绍如何利用神经网络模型来求最优投资组合权重。3.6 节提出一种基于模型平均的更简单且适用于更具有一般性的期望效用函数的全子集组合法来优化参数化投资组合。最后，3.7 节结合我国 A 股市场数据给出了严谨的实证分析结果，希望帮助读者从理论和实证的角度来了解机器学习方法在求解最优投资组合权重中的应用。3.8 节总结本章内容。

3.1 马科维茨投资组合

1952 年马科维茨在《金融学期刊》(*The Journal of Finance*)上发表题为《投资组合选择》(Portfolio Selection)的论文标志着现代证券组合理论的开端。在单期投资中,投资者分别将资金按照预定比例分别投资于不同资产并持有一个证券组合到期末,马科维茨模型通过优化资产的组合来获取风险和收益的最佳点。

假设 N 个风险资产的超额收益是随机收益向量与无风险收益率之差,即 $r_{t+1} = R_{t+1} - R_t^f$,记其条件均值为 μ_t,协方差矩阵为 Σ_t。假设超额收益独立同分布并且各阶矩为常数。假设投资者只能在这 N 个风险资产(不包括无风险资产)之间配置财富,各资产在投资组合中的权重为 w,那么优化问题为

$$\min_w \text{Var}[R_{p,t+1}] = w^{\mathsf{T}} \Sigma w \tag{3-1}$$

$$\text{s. t.} \quad E[R_{p,t+1}] = w^{\mathsf{T}}(R_t^f + \mu) = R_t^f + \overline{\mu}, \quad \sum_{i=1}^{N} w_i = 1$$

第一个限制条件保证了投资组合的期望收益,第二个限制条件保证了所有的财富都投资于风险资产。由拉格朗日方法一阶条件求出最优投资组合权重为

$$w^* = \Lambda_1 + \Lambda_2 \overline{\mu} \tag{3-2}$$

其中,$\Lambda_1 = [B(\Sigma^{-1}\iota) - A(\Sigma^{-1}\mu)]/D$,$\Lambda_2 = [C(\Sigma^{-1}\mu) - A(\Sigma^{-1}\iota)]/D$,$\iota = (1, \cdots, 1)^{\mathsf{T}}$,$A = \iota^{\mathsf{T}}\Sigma^{-1}\mu$,$B = \mu^{\mathsf{T}}\Sigma^{-1}\mu$,$C = \iota^{\mathsf{T}}\Sigma^{-1}\iota$,$D = BC - A^2$。最小化的

投资组合方差为 $w^{*\mathsf{T}}\Sigma w^*$。

如果投资者可以将财富配置于无风险资产，即可以以无风险利率 R_t^f 进行不受限制的借贷，那么实现风险投资与无风险资产最优的组合应最大化夏普比率 $E[r_{p,t+1}]/\mathrm{std}[r_{p,t+1}]$，即从无风险资产出发与均值方差有效前沿相切的切线上的任意一点所对应的投资组合，由此每一个投资者将相同的风险资产投资与无风险资产进行组合。假设财富配置于风险资产的权重向量为 x，剩余（$1-\iota^{\mathsf{T}}x$）的财富配置于无风险资产，投资组合收益率为 $R_{p,t+1}=w^{\mathsf{T}}R_{t+1}+(1-\iota^{\mathsf{T}}w)R_t^f=w^{\mathsf{T}}r_{t+1}+R_t^f$，则均值方差最优化问题可以用超额收益表示为

$$\min_w \mathrm{Var}[r_p]=w^{\mathsf{T}}\Sigma w \tag{3-3}$$
$$\text{s. t.} \quad E[r_p]=w^{\mathsf{T}}\mu=\bar{\mu}$$

解得均值方差投资组合权重为

$$w^*=\frac{\bar{\mu}}{\mu^{\mathsf{T}}\Sigma^{-1}\mu}\times\Sigma^{-1}\mu \tag{3-4}$$

记常数 $\lambda=\bar{\mu}/(\mu^{\mathsf{T}}\Sigma^{-1}\mu)$，可按比例缩放 $\Sigma^{-1}\mu$ 的所有元素以实现所需的期望投资组合风险溢价 $\bar{\mu}$。基于上述最优投资组合表达式，考虑到切点投资组合完全由风险资产组成，所以切点组合权重之和 $\iota^{\mathsf{T}}w_{\mathrm{tgc}}=1$，进而对切点风险投资组合有

$$\lambda_{\mathrm{tgc}}=\frac{1}{\iota^{\mathsf{T}}\Sigma^{-1}\mu}$$
$$\tag{3-5}$$
$$\mu_{\mathrm{tgc}}=\frac{\mu^{\mathsf{T}}\Sigma^{-1}\mu}{\iota^{\mathsf{T}}\Sigma^{-1}\mu}$$

上述均值方差问题生成了一个从期望投资组合风险溢价 $\bar{\mu}$ 到均值

方差投资组合权重 w^* 的映射，并使得投资组合收益波动率为

$\sqrt{w^{*\mathsf{T}}\Sigma w^*}$，而期望风险溢价则内生地由投资者对风险的容忍度决定。

从投资者对期望收益和风险进行权衡的角度出发，上述均值方差问题也可以描述为一个效用最优化问题

$$\max_{w} E[r_{p,t+1}] - \frac{\gamma}{2}\mathrm{Var}[r_{p,t+1}] \tag{3-6}$$

其中 γ 表示投资者的相对风险厌恶程度。解仍为 $w^* = \lambda\Sigma^{-1}\mu$，并有 $\lambda = 1/\gamma$。

马科维茨模型有两个重要的经济学意义：（1）不完全相关的资产可以产生较好的风险收益特征；（2）完全分散化投资时，较高的期望收益只能通过极端的权重分配来取得（w^* 是 $\bar{\mu}$ 的线性函数），由此要承担较高的风险。由此可见，马科维茨模型主要关注投资组合选择的两方面，即分散化以及对期望收益和风险的权衡。然而，马科维茨模型也存在如下几个问题：

首先，马科维茨模型仅考虑投资者具有均值方差效用时的配置情况，忽略了其对高阶矩的偏好，尤其是收益的偏度和峰度。大量文献证明投资者偏好收益率具有正偏度的资产，甚至因此愿意接受预期收益率为负的资产。基于对负偏度收益率资产的厌恶，产生了方差之外的风险测度，如仅考虑负收益的"下行风险"（downside risk）。资产组合收益率的偏度不一定会比单个资产收益率的偏度的线性组合高或低，因此在考虑偏度的情况下，均值方差最优准则将会产生次优的投资组合。

其次，均值方差模型可以被证明等价于最大化期望效用时使用的二次效用函数，而这种效用随财富的增加并非单调增加。现有文献更关注双曲绝对风险厌恶（HARA）的时间可分的预期效用，特例包括对数效用、指数或常数相对风险厌恶（CRRA）效用、负指数或常数绝对风险厌恶（CARA）效用等。

最后，马科维茨模型仅考虑了单期问题，而现实中投资组合优化是长期的问题，并且需要在中期对投资组合进行再平衡。一般地，投资者在时刻 t 选择投资组合，通过在 t，$t+1$，$\cdots$，$t+\tau-1$ 对无风险资产和 N 种风险资产进行交易，来最大化 $t+\tau$ 时关于财富的效用，因此在多期情形下，最优化问题可表示为：

$$V(\tau, W_t, z_t) = \max_{\{w_s\}_{s=t}^{t+\tau-1}} E_t\left[u(W_{t+\tau})\right] \qquad (3\text{-}7)$$

$$\text{s. t.}\quad W_{s+1} = W_s(w_s^\top r_{s+1} + R_s^f)$$

其中各期财富均非负，$W_s \geq 0$。z_t 是由状态变量组成的 K 维向量，即 t 时刻的信息集。在多期情况下，投资者的决策优化问题更为复杂，不仅面临着收益本身的不确定性与未来股息收益率的变化，同时也未知投资机会是否会改善、恶化或保持不变。类似于在横截面上分散化收益风险，投资者可能会为了未来的投资机会而平滑跨期风险。马科维茨模型仅研究单期问题，因此在研究更贴合实际的多期投资策略时显得捉襟见肘。

在研究组合配置问题上，传统的计量方法主要使用代入估计。代入估计指投资者直接对最优组合中的未知参数进行统计推断，以单期投资组合选择问题为例，投资者期望效用最大化的解将偏好参数 ϕ、

状态向量 z_t、数据生成过程参数 θ 映射到最优投资组合权重中：

$$w_t^* = w(\phi, z_t, \theta) \tag{3-8}$$

其中，偏好参数 ϕ 为事前设定，状态向量 z_t 由观察得到，根据 $Y_t \equiv \{y_t\}_{t=0}^T$ 可以获得 θ 的无偏估计或者一致估计 $\hat{\theta}$，将该估计代入 w_t^* 便可得到最优投资组合权重的估计 $\widehat{w_t^*} = w(\phi, z_t, \hat{\theta})$。在实际应用中，代入估计一般而言并不精确，即使是大样本渐进近似也不可靠。由于收益协方差矩阵会以二次速度递增，代入估计的精确度随资产数量 N 增加而大幅下降。此外，代入估计还可能出现极端权重，违背分散化原则并且不具有稳定性。因此，对代入估计通常需要采用一些优化方法，如收缩估计、使用因子模型、施加投资组合限制等。

3.2 参数化投资组合优化

传统的投资组合优化理论是基于 Markowitz（1952）经典的均值方差组合模型讨论如何利用资产收益率的统计特征，即均值和方差，来最优化资产配置，其估计参数的维度随资产数量 N 的增加以幂函数的形式增加，在面对大量资产和有限样本时，参数估计变得十分困难。文献中往往使用贝叶斯估计方法解决这一问题，通过引入先验信息帮助提高参数估计精度，但先验信息往往会包含一定的主观判断，使统计推断有一定的主观性。Brandt，Santa-Clara 和 Valkanov（2009）则通过直接对每个资产的权重进行建模的方式来达到参数降维的目的。资产定价文献中，股票收益率的差别往往能被某些重要的特征变量所解释，因此 Brandt，Santa-Clara 和 Valkanov（2009）将所需优化的股票权重参数写成某 K 个特征变量的线性函数，再针对投资者的期望效用函数求最大化从而估计出这 K 个参数。这一方法被称作参数化投资组合。考虑在第 t 期由 N_t 只股票构成的资产池，每只股票 j 在该期对应 K 个可观测的特征变量 c_1，$\cdots$，c_K，投资者需要在当期期末再平衡组合，确定最优的股票权重，即面临如下关于下一期组合收益率 $r_{p,t+1}$ 的条件期望最大化问题：

$$\max_{\{w_{i,t}\}_{i=1}^{N_t}} E_t[u(r_{p,t+1})] = E_t\left[u\left(\sum_{i=1}^{N_t} w_{i,t}r_{i,t+1}\right)\right] \tag{3-9}$$

设投资组合的权重是特征的函数：

$$w_{j,t} = f(c_{j,t},\theta) \tag{3-10}$$

先假设最简单的线性形式即

$$w_{j,t} = w_{j,t}^b + c_{j,t}^\top\theta/N_t = w_{j,t}^b + (\theta_1 c_{j,t}^1 + \cdots + \theta_K c_{j,t}^K)/N_t \tag{3-11}$$

其中 $w_{j,t}^b$ 为该股票在某基准组合中的权重，例如该股票在市场指数中的市值权重，$\theta = (\theta_1，\cdots，\theta_K)^\top$ 是待估计的参数，$\theta_k c_{j,t}^k$ 表示投资者进行主动管理时投资组合权重相对于基准投资组合权重偏离的部分。为了使权重之和为 1，需要将所有特征在横截面上进行标准化。投资组合在下一期的收益率可以表示为基准投资组合收益率与基于特征的投资组合收益率的加权平均之和，即

$$r_{p,t+1} = r_{t+1}^b + \sum_{k=1}^K \theta_k r_{c,t+1}^k = \sum_{i=1}^{N_t} w_{i,t}^b r_{i,t+1} + \sum_{k=1}^K \theta_k \frac{1}{N_t}\left(\sum_{i=1}^{N_t} c_{i,t}^k r_{i,t+1}\right)$$

$$\tag{3-12}$$

其中，$r_{c,t+1}^k$ 表示做多第 k 个特征取值高的股票、做空第 k 个特征取值低的股票所形成的零成本多空对冲投资组合的收益率。将 $r_{p,t+1}$ 表达式代入前述条件期望最大化问题即可求解 θ，进一步可以求出投资组合最优权重 w_t。由于 θ 不随时间变化，所以条件期望效用最大化问题等价于如下无条件期望效用最大化问题

$$\max_{\theta} E[u(r_{p,t+1})] = E\left[u\left(\sum_{i=1}^{N_t} f(c_{i,t},\theta) r_{i,t+1}\right)\right] \tag{3-13}$$

记 μ_b，σ_b^2 为基准投资组合收益率 r_{t+1}^b 的期望和方差，μ_c，Σ 为特征投资组合收益率 $(r_{c,t+1}^1, \cdots, r_{c,t+1}^K)^{\top}$ 的期望向量和方差矩阵，Λ 为 r_{t+1}^b 和 $(r_{c,t+1}^1, \cdots, r_{c,t+1}^K)^{\top}$ 的协方差向量，假设投资者有均值方差效用，则

$$E[u(r_{p,t+1})] = E[r_{p,t+1}] - \frac{\gamma}{2} \text{Var}[r_{p,t+1}]$$

$$= \mu_b + \theta^{\top}\mu_c - \frac{\gamma}{2}[\sigma_b^2 + 2\theta^{\top}\Lambda + \theta^{\top}\Sigma\theta]$$

$$= -\frac{\gamma}{2}\left[\left(\frac{1}{\gamma}\mu_c - \Lambda\right) - \Sigma\theta\right]^{\top}\Sigma^{-1}\left[\left(\frac{1}{\gamma}\mu_c - \Lambda\right) - \Sigma\theta\right] + C$$

$$\tag{3-14}$$

其中 C 为与 θ 无关的常数，$C = \mu_b - \frac{\gamma}{2}\sigma_b^2 + \frac{\gamma}{2}\left(\frac{1}{\gamma}\mu_c - \Lambda\right)^{\top}\Sigma^{-1}\left(\frac{1}{\gamma}\mu_c - \Lambda\right)$，由此最大化期望效用时令期望效用中二次型部分的一阶导数为 0，从而求得最优参数

$$\theta^* = \Sigma^{-1}\left(\frac{1}{\gamma}\mu_c - \Lambda\right) \tag{3-15}$$

对于非均值方差效用的其他效用函数，不一定可以求出参数 θ 估计的解析解，如果函数 $u(r_{p,t+1})$ 连续可导，则可以由如下 K 个矩条件使用 GMM 解得最优的 θ^*：

$$E\left[u'(r_{p,t+1}) r_{c,t+1}^k \right] = 0, \forall k = 1, \cdots, K \qquad (3\text{-}16)$$

如果 $u(r_{p,t+1})$ 不可导，则需要通过插值或者数值计算寻找最优的 θ^*。由此可见，相比于最初的马科维茨均值方差模型，参数化投资组合可以适用于更广义的效用函数、考虑更多的投资者特征。

检验 θ^* 估计量是否显著不为 0 体现了参数化投资组合方法得到的投资组合权重偏离基准投资组合权重的程度，可以使用自助法估计得到 θ^* 估计量的经验分布，使用经验分布的协方差矩阵代替总体协方差矩阵，本书在后续的实证分析中统一采用该方法。

由上述论述可见，Brandt、Santa-Clara 和 Valkanov（2009）提出的参数化投资组合方法的优势主要包括：（1）对大量股票构建最优投资组合更加方便，参数个数不受资产数量影响，只取决于使用的特征变量的数量；（2）最优投资组合权重不太容易出现过拟合，由于参数的数量远小于资产数量，并且当且仅当特征变量对预期收益率有稳定的解释作用时 θ 显著不为 0，这使得 θ 的估计量在时序上是平稳的，只要特征变量没有极端值，得到的最优投资组合权重相比马科维茨模型就不会非常极端；（3）多因子模型可以看作参数化投资组合方法得到的多空对冲组合，如将按公司市值规模排序，前 20%市值最小的股票对应的市值变量值转化为−1，后 20%市值最大的股票的市值变量值转化为 1，其他股票对应的市值特征变量值设为 0，即构造了规模因子

SMB；（4）可以将投资者对高阶矩的偏好反映在特征变量与收益率的联合分布中，这一点可以通过对 $E[u(r_{p,t+1})]$ 在 $r_{p,t+1}$ 的均值附近进行泰勒公式展开来证明。

3.3　最优投资组合与随机贴现因子等价性

本节从最大化投资者期望效用出发，推导随机贴现因子的表达式，并证明文献中利用若干个定价因子表示随机贴现因子本质上与求解最大化期望效用问题等价。这意味着在利用参数化投资组合方法进行组合优化时，同时也是基于所用到的特征变量信息构建随机贴现因子，从而将均值方差有效前沿、随机贴现因子和多因子模型统一起来。

条件期望效用最大化问题 $\max\limits_{\theta} E_t[u(r_{p,t+1})]$ 关于 θ 的一阶矩条件为

$$E_t[u'(r_{b,t+1}+\theta^\mathsf{T} r_{c,t+1})r_{c,t+1}]=0 \qquad (3\text{-}17)$$

令 $M_{t+1}=u'(r_{b,t+1}+\theta^\mathsf{T} r_{c,t+1})$，则有 $E_t[M_{t+1}r_{c,t+1}]=0$，即定义了随机贴现因子。当满足前述一阶矩条件时，参数取值最优，即 $\theta=\theta^*$，对 $u'(\cdot)$ 在 0 附近进行泰勒展开

$$M_{t+1}=u'(0)+u''(0)(r_{b,t+1}+\theta^{*\mathsf{T}} r_{c,t+1})+\cdots \qquad (3\text{-}18)$$

其中 $r_{p,t+1}=r_{b,t+1}+\theta^{*\mathsf{T}} r_{c,t+1}$ 为最优投资组合的收益，假设 M_{t+1} 有线性结构，忽略高阶项，由于 $E_t[M_{t+1}r_{c,t+1}]=0$，所以对 M_{t+1} 进行缩放调整，即得到随机贴现因子的结构。

定理 1：假设投资者的效用函数为 $u(\cdot)$ 且二阶连续可微，则 $t+1$ 期随机贴现因子为

$$M_{t+1} \approx 1 + \frac{u''(0)}{u'(0)} r_{p,t+1} \tag{3-19}$$

如果投资者风险厌恶系数为 γ，则投资者有均值方差效用和 CRRA 效用时随机贴现因子结构分别为

$$M_{t+1}^{MV} \approx 1 + \frac{u''(0)}{u'(0)} r_{p,t+1} = 1 - \frac{\gamma}{1 + \gamma E_t[r_{p,t+1}]} r_{p,t+1} \tag{3-20}$$

$$M_{t+1}^{CRRA} \approx 1 + \frac{u''(0)}{u'(0)} r_{p,t+1} = 1 - \gamma r_{p,t+1} \tag{3-21}$$

证明：

（1）投资者有均值方差效用且风险厌恶系数为 γ 时，条件期望效用最大化问题为

$$\max_{\theta} E_t[r_{p,t+1}] - \frac{\gamma}{2} \mathrm{Var}_t[r_{p,t+1}] = \max_{\theta} E_t\left[r_{p,t+1} - \frac{\gamma}{2}(r_{p,t+1} - E_t(r_{p,t+1}))^2\right]$$

$$= \max_{\theta} E_t[u(r_{p,t+1})] \tag{3-22}$$

由此可见，对于均值方差效用函数，$u(r_{p,t+1}) = r_{p,t+1} - \frac{\gamma}{2}[r_{p,t+1} - E_t(r_{p,t+1})]^2$，进而 $u'(r_{p,t+1}) = 1 - \gamma[r_{p,t+1} - E_t(r_{p,t+1})]$，$u''(r_{p,t+1}) = -\gamma$，将 $u'(0)$ 和 $u''(0)$ 代入 M_{t+1} 表达式即得 M_{t+1}^{MV}。

（2）投资者有 CRRA 效用且风险厌恶系数为 γ 时，条件期望效用最大化问题为

$$\max_{\theta} E_t[u(r_{p,t+1})] = \max_{\theta} E_t\left[\frac{(1 + r_{p,t+1})^{1-\gamma}}{1-\gamma}\right] \tag{3-23}$$

则 $u'(r_{p,t+1}) = (1+r_{p,t+1})^{-\gamma}$，$u''(r_{p,t+1}) = -\gamma(1+r_{p,t+1})^{-1-\gamma}$，将 $u'(0)$ 和 $u''(0)$ 代入 M_{t+1} 表达式即得 M_{t+1}^{CRRA}。

Hansen 和 Richard（1987）证明了真实的随机贴现因子与均值方差前沿的等价性，即存在线性随机贴现因子满足 $M_{t+1} = a + bR^{MV}$，其中 R^{MV} 为均值方差前沿上的组合收益率，而前文得到的随机贴现因子有类似的线性形式 $M_{t+1} = \alpha + \beta r_{p,t+1}$，所以最优组合 $r_{p,t+1}$ 的夏普比率越高，$r_{p,t+1}$ 离真实的均值方差前沿越近，基于式（3-19）估计的随机贴现因子与真实的随机贴现因子距离也越小，其定价能力也越强，因此对投资组合收益的条件期望效用进行优化，等价于逼近真实的随机贴现因子。

用参数化投资组合方法求解投资者效用函数最大化的问题与寻找随机贴现因子是等价的，即推导式（3-17）所估计的 SDF $M_{t+1} = u'(r_{b,t+1} + \theta^{\mathsf{T}} r_{c,t+1})$ 与多因子模型的关系。根据 Hansen 和 Jagannathan（1991），可找到如下形式的随机贴现因子：

$$M_{t+1} = 1 - b_t^{\mathsf{T}}[r_{t+1} - E(r_{t+1})] \qquad (3\text{-}24)$$

$$\text{s. t.} \quad E_t[M_{t+1}r_{t+1}] = 0$$

其中，r_{t+1} 为 $N\times1$ 维股票超额收益向量，b_t 为描述股票"风险价格"的 $N\times1$ 维系数向量，通常使用一系列特征将 b_t 参数化（Kozak，Nagel，and Santosh，2020；Haddad，Kozak，and Santosh，2020），如

$$b_t = Z_t\delta_t \qquad (3\text{-}25)$$

其中 Z_t 为 $N\times K$ 维特征变量矩阵，δ_t 为刻画了不同特征变量随时间变化的重要程度的 $K\times1$ 维时间序列向量。将 b_t 代入 M_{t+1} 得

$$M_{t+1} = 1 - \delta_t^\top Z_t^\top [r_{t+1} - E(r_{t+1})] = 1 - \delta_t^\top [f_{t+1} - E(f_{t+1})] \qquad (3\text{-}26)$$

其中 $f_{t+1} = Z_t^\top r_{t+1}$ 为基于 K 个特征所构建的 K 个投资组合的收益率，即多因子模型中的"定价因子"。

定理 2：不失一般性[①]，假设投资者有风险厌恶系数为 γ 的均值方差效用函数，面临优化问题 $\max_\theta E[u(r_{p,\,t+1})] = E\left[u\left(\sum_{i=1}^{N_t} f(c_{i,\,t},\,\theta)r_{i,\,t+1}\right)\right]$，给定 $t+1$ 期的随机贴现因子结构为式（3-26）的形式 $M_{t+1} = 1 - \delta_t^\top [f_{t+1} - E(f_{t+1})]$，则有

$$\delta_t = \gamma \left[1 \quad \frac{\theta^{*\top}}{N_t} \right] \qquad (3\text{-}27)$$

$$f_{t+1} = [S_t \quad Z_t]^\top r_{t+1} \qquad (3\text{-}28)$$

其中 N_t 表示第 t 期截面上的股票数，S_t 为 $N \times 1$ 维的市值权重向量。

证明：

对于均值方差效用函数，前文已证 $u(r_{p,t+1}) = r_{p,t+1} - \dfrac{\gamma}{2}[r_{p,t+1} - E_t(r_{p,t+1})]^2$，进而

$$
\begin{aligned}
u'(r_{p,t+1}) &= 1 - \gamma[r_{p,t+1} - E_t(r_{p,t+1})] \\
&= 1 - \gamma(r_{b,t+1} - \mu_b) - \gamma\theta^{*\top}(r_{c,t+1} - \mu_c) \\
&= 1 - \gamma[1 \quad \theta^{*\top}] \begin{bmatrix} r_{b,t+1} - \mu_b \\ r_{c,t+1} - \mu_c \end{bmatrix} \qquad (3\text{-}29)
\end{aligned}
$$

---

① 对于其他效用函数形式，可以将式（3-19）标准化为 $M_{t+1} = 1 - [-u''(0)]/[1 + u''(0)E_t(r_{p,t+1})][r_{p,t+1} - E_t(r_{p,t+1})]$，将系数 $[-u''(0)]/[1 + u''(0)E_t(r_{p,t+1})]$ 替换为 γ，之后的证明过程相同。

其中 $\mu_b = E_t[r_{b,t+1}]$，$\mu_c = E_t[r_{c,t+1}]$，而 $r_{b,t+1} = S_t^\mathsf{T} r_{t+1}$，$r_{c,t+1} = Z_t^\mathsf{T} r_{t+1}/N_t$，代入式（3-29）得

$$u'(r_{p,t+1}) = 1 - \gamma \begin{bmatrix} 1 & \dfrac{\theta^{*\mathsf{T}}}{N_t} \end{bmatrix} \begin{bmatrix} S_t^\mathsf{T}[r_{t+1} - E_t(r_{t+1})] \\ Z_t^\mathsf{T}[r_{t+1} - E_t(r_{t+1})] \end{bmatrix}$$

$$= 1 - \gamma \begin{bmatrix} 1 & \dfrac{\theta^{*\mathsf{T}}}{N_t} \end{bmatrix} [S_t \quad Z_t]^\mathsf{T} [r_{t+1} - E_t(r_{t+1})] \quad (3\text{-}30)$$

令 $\delta_t = \gamma \begin{bmatrix} 1 & \dfrac{\theta^{*\mathsf{T}}}{N_t} \end{bmatrix}$，$f_{t+1} = [S_t \quad Z_t]^\mathsf{T} r_{t+1}$，即 $u'(r_{p,t+1}) = 1 - \delta_t^\mathsf{T}[f_{t+1} - E(f_{t+1})]$。

如果给定多因子模型中的定价因子 f_{t+1}，则求解最优组合配置问题

$$\max_{\theta} E[u(r_{p,t+1})] = E\left[u\left(\sum_{i=1}^{N_t} f(x_{i,t};\theta) r_{i,t+1}\right)\right] \quad (3\text{-}31)$$

等价于求解 δ_t，δ_t 刻画了定价因子在随机贴现因子结构中的重要性，因为可能随时间变化，所以也被称作"因子择时"（Haddad, Kozak, and Santosh, 2020）。鉴于随机贴现因子同均值方差有效前沿以及多因子模型的等价性，在金融学文献中，随机贴现因子通常可以表示成均值方差前沿组合或定价因子的线性结构，而定理 1 与定理 2 则分别针对这两种情形给出了对应的具体形式，实现了将均值方差有效前沿、随机贴现因子、多因子模型有机统一。

3.4 基于收缩估计方法的投资组合优化

参数化投资组合方法向投资组合优化问题引入了大量特征变量的

信息，这导致了如何利用大量特征变量蕴含的预期收益率信息进行组合优化，并且能确保提供准确的估计等问题。高维的解释变量数据会导致"维度灾难"，估计大量参数会出现过拟合问题，而通过收缩估计法进行降维有助于这些问题的解决，典型的收缩估计降维方法包括 LASSO、自适应 LASSO、非参数组 LASSO、弹性网络、主成分分析等。本节首先介绍基于收缩估计的降维方法，为了使这些基于回归的降维方法可以直接适用于参数化投资组合问题，我们首先假设投资者具有均值方差效用函数①

$$E[u(r_{p,t+1})] = E[r_{p,t+1}] - \frac{\gamma}{2}\mathrm{Var}[r_{p,t+1}]$$

$$= -\frac{\gamma}{2}\left[\left(\frac{1}{\gamma}\mu_c - \Lambda\right) - \Sigma\theta\right]^{\top}\Sigma^{-1}\left[\left(\frac{1}{\gamma}\mu_c - \Lambda\right) - \Sigma\theta\right] + C$$

$$(3-32)$$

由此可见，最大化该均值方差期望效用函数等价于最小化上式中的二次型部分 $\left[\left(\frac{1}{\gamma}\mu_c - \Lambda\right) - \Sigma\theta\right]^{\top}\Sigma^{-1}\left[\left(\frac{1}{\gamma}\mu_c - \Lambda\right) - \Sigma\theta\right]$，进而求解得出最优参数 θ^*

$$\theta^* = \arg\min_{\theta}\left[\left(\frac{1}{\gamma}\mu_c - \Lambda\right) - \Sigma\theta\right]^{\top}\Sigma^{-1}\left[\left(\frac{1}{\gamma}\mu_c - \Lambda\right) - \Sigma\theta\right] = \Sigma^{-1}\left(\frac{1}{\gamma}\mu_c - \Lambda\right)$$

$$(3-33)$$

---

① 基于正则化回归的收缩估计法在其他更具一般性的效用函数，例如 CRRA 效用函数等情形下直接适用，原因在于此类效用函数无法直接转化为最小化某种二次型函数的形式。我们将在本章介绍全子集组合法，该方法可以适用于任意给定函数形式的效用，并给出其在 CRRA 效用函数情形下的应用。

（一）LASSO 与自适应 LASSO

LASSO（Tibshirani，1996）回归方法本质上是线性模型的 L1 范数正则化方法，即在线性回归外构造惩罚函数将部分变量回归系数压缩为 0，从而达到变量选择的目的。然而，Zou（2006）发现，传统的 LASSO 方法仅在满足一定条件时才具有统计一致性，即使在大样本下也不能以概率 1 选出真实的模型，因此他改进并提出了自适应 LASSO 回归法（adaptive LASSO），即在约束函数中对每个变量添加适当权重。LASSO 与自适应 LASSO 的最优参数 θ^* 分别为

$$\theta^{LASSO} = \arg\min_{\theta}\left[\left(\frac{1}{\gamma}\mu_c - \Lambda\right) - \Sigma\theta\right]^{\top}\Sigma^{-1}\left[\left(\frac{1}{\gamma}\mu_c - \Lambda\right) - \Sigma\theta\right] + \lambda\|\theta\|_1$$

$$(3\text{-}34)$$

$$\theta^{Ad\text{-}LASSO} = \arg\min_{\theta}\left[\left(\frac{1}{\gamma}\mu_c - \Lambda\right) - \Sigma\theta\right]^{\top}\Sigma^{-1}\left[\left(\frac{1}{\gamma}\mu_c - \Lambda\right) - \Sigma\theta\right] + \lambda\|w_s\theta_s\|_1$$

$$(3\text{-}35)$$

其中，$\|\theta\|_1$ 为 θ 的 L1 范数。估计自适应 LASSO 估计量 $\theta^{Ad\text{-}LASSO}$ 时，第一步先由普通的 LASSO 估计得到估计量 θ_s，第二步将自适应 LASSO 回归的权重设置为

$$w_s = \begin{cases} \left|\dfrac{1}{\theta_s}\right| & \theta_s \neq 0 \\ \infty & \theta_s = 0 \end{cases}$$

$$(3\text{-}36)$$

（二）非参数组 LASSO

考虑到投资组合权重与特征之间的非线性关系，可以使用非参数组 LASSO 方法求解最优参数（Freyberger，Neuhierl，and Weber，2020；Chen，Wu，and Zhu，2022）。使用"秩变换"方法，将第 s 个特征变量 $c^s(s=1,\cdots,K)$ 的值转换为截面上的分位数，归一化到区间 $(0,1)$ 上，即变量 $\tilde{c}^s$，将 $\tilde{c}^s$ 的支撑划分为 L 个区间 $0=t_0<t_1<\cdots<t_{L-1}<t_L=1$，基于二次样条 $p_m(c^s)$，$m=1,\cdots,L+2$ 的样条增广特征变量组合 $r_{c_m^s,t+1}$ 为

$$r_{c_m^s,\ t+1} = \frac{1}{N_t}\Big(\sum_{j=1}^{N_t} p_m(\tilde{c}_{j,\ t}^{\ s})r_{j,\ t+1}\Big) \tag{3-37}$$

其中，$p_1(c)=1$，$p_2(c)=c$，$p_3(c)=c^2$，$p_m(c)=\max(c-t_{m-3},0)^2$，$m=4$，$5,\cdots,L+2$。用 μ_c^{np}，Σ_c^{np} 分别表示 $r_{c_m^s,t+1}$ 的 $(L+2)K$ 维均值向量和 $(L+2)K\times(L+2)K$ 维协方差矩阵，Λ^{np} 表示 $r_{c_m^s,t+1}$ 与基准收益 $r_{b,t+1}$ 的 $(L+2)K$ 维协方差向量。相应的投资组合参数 $\theta_{s,m}$ 可以通过如下的组 LASSO 方法估计得到

$$\theta^{NP\text{-}LASSO} = \arg\min_{\theta}\Big[\Big(\frac{1}{\gamma}\mu_c^{np}-\Lambda^{np}\Big)-\Sigma_c^{np}\theta\Big]^{\top}\Sigma_c^{np-1}\Big[\Big(\frac{1}{\gamma}\mu_c^{np}-\Lambda^{np}\Big)-\Sigma_c^{np}\theta\Big]$$
$$+ \lambda\sum_{s=1}^{K}\Big(\sum_{m=1}^{L+2}\theta_{s,m}^2\Big)^{0.5} \tag{3-38}$$

（三）弹性网络

岭回归与 LASSO 回归类似，将 LASSO 回归使用的 L1 惩罚项改为

L2 惩罚项即为岭回归。虽然岭回归使用的 L2 惩罚项不能筛选变量，但是它可以令大部分回归系数向 0 收缩，使得预测结果不会因为数据的细微变化而变动太大，一定程度上减少了过拟合的风险。由于 LASSO 回归与岭回归各有优势，Zou 和 Hastie（2005）提出了弹性网络（elastic net）回归，加入加权组合的 L1 与 L2 惩罚项，既能一定程度地实现预测变量的稀疏化，又能尽量压缩剩余变量的系数，以保持模型解释能力的稳定性。弹性网络的最优参数 θ^* 为

$$\theta^{LASSO} = \arg\min_{\theta} \left[\left(\frac{1}{\gamma}\mu_c - \Lambda \right) - \Sigma\theta \right]^{\top} \Sigma^{-1} \left[\left(\frac{1}{\gamma}\mu_c - \Lambda \right) - \Sigma\theta \right]$$
$$+ \lambda_1 \left[(1-\lambda_2)\|\theta\|_1 + \lambda_2 \|\theta\|_2 \right] \tag{3-39}$$

（四）主成分分析

主成分分析是一种信息聚合方法，从大量特征变量中提取出两两正交的主成分，将能够尽可能多地解释原始数据方差的前几个主成分加入模型，最大程度地保留原始数据携带的信息的同时对原始数据进行降维。记 K 维特征变量投资组合收益向量 $r_{c,t+1} = (r_{c,t+1}^1, \cdots, r_{c,t+1}^K)^{\top}$，其中 $r_{c,t+1}^k = \frac{1}{N_t} \left(\sum_{i=1}^{N_t} c_{i,t}^k r_{i,t+1} \right)$，对 $r_{c,t+1}$ 的协方差矩阵进行特征分解 $\Sigma = QDQ^{\top}$，其中 $Q = (q_1, \cdots, q_K)$ 为特征变量排列成的正交矩阵，对 $r_{c,t+1}$ 进行线性变换得到主成分 $r_{pc,t+1} = Q^{\top}r_{c,t+1}$，均值 $E[r_{pc,t+1}] = Q^{\top}\mu_c$，协方差矩阵 $\text{Var}[r_{pc,t+1}] = Q^{\top}\Sigma Q = D$，主成分 $r_{pc,t+1}$ 与基准投资组合 $r_{b,t+1}$ 的协方差向量为 $\text{cov}(r_{pc,t+1}, r_{b,t+1}) = Q^{\top}\Lambda$。这样我们可以使用主成分来替换原有

的特征变量，并直接通过 OLS 回归求解最优参数化投资组合，这类使用主成分作为解释变量的回归方法也被称为主成分回归法。

不妨假设前 k 个主成分已经提取了足够的信息，仅使用前 k 个主成分 $Q_k = (q_1, \cdots, q_k)$ 构造权重函数，替代原有的特征变量求解最优参数化投资组合，进而得出最优参数 θ^{PC}

$$\theta^{PC} = (Q_k^{\mathsf{T}} \Sigma Q_k)^{-1} \left(\frac{1}{\gamma} Q_k^{\mathsf{T}} \mu_c - Q_k^{\mathsf{T}} \Lambda \right) \tag{3-40}$$

Lettau 和 Pelger（2020a，2020b）指出，主成分分析只能提取收益率中被共同因子解释的部分，而忽略了风险溢价本身所隐含的因子结构层面的信息，即在潜在定价错误上的风险暴露。因此他们提出了 RP-PCA 估计量，以同时捕捉共同解释部分与定价错误，其本质是在对协方差矩阵提取主成分时加入包含收益率一阶矩信息的惩罚项，即考虑风险溢价的影响。记 $\Sigma^{RP} = T^{-1} \sum_{t=0}^{T-1} (r_{c,\,t+1} r_{c,\,t+1}^{\mathsf{T}}) + \delta \overline{r_c}\, \overline{r_c}^{\mathsf{T}}$，其中 $\overline{r_c}$ 为 $r_{c,t+1}$ 在时间序列上的均值，δ 为平衡残差与错误定价相对重要性的超参数。通过特征值分解 $\Sigma^{RP} = Q^{RP\,\mathsf{T}} D^{RP} Q^{RP}$，将基于 Σ^{RP} 主成分所得到的最优参数 θ 记为 $\theta^{RP\text{-}PCA}$。

3.5 神经网络

神经网络是一种能够灵活描述非线性函数关系的复杂模型。假设最优权重满足 $w_{i,t} = f(x_{i,t}, \theta)$，这里是 $f(\cdot)$ 关于 θ 的未知函数。定义损失函数为

$$L(\theta \mid \hat{g}, x_t, x_{i,t}) = -\frac{1}{T}\sum_{t=1}^{T}\left[u\left(\sum_{t=1}^{N_t} f(x_{i,t};\theta) r_{i,t+1} \right) \right] \quad (3\text{-}41)$$

对每一只股票，输入公司特征变量的集合，神经网络通过多层隐藏层输出最优权重，这样我们就获得了所有股票的权重。基于以上函数，优化算法，如小批量梯度下降法，可以用来调整网络结构中的参数。重复以上步骤并迭代，直到损失函数不再下降。参考 Gu, Kelly 和 Xiu（2020），我们采用了正则化、提前中止迭代和暂退法等方法以避免过拟合。我们通过几何金字塔原则选择层结构，并选择线性整流函数（ReLU）作为激活函数。为了提高优化速度，我们以年划分训练窗口，并在每次迭代中使用 12 个月的数据计算损失函数。通过最大化每一年的效用，我们可以最大化整个训练期间的效用。

3.6 基于全子集回归的组合优化

全子集组合法（CSC）也可以被视作一种收缩估计方法。全子集组合法先聚合所有特征变量所蕴含的预测信息，再进行一定比例的压缩，也可以用于缓解特征变量高维导致的过拟合等问题。仍然考虑均值方差效用函数下的参数化投资组合优化问题

$$\max_{\theta} E\left[u(r_{p,t+1}) \right] = E\left[r_{p,t+1} \right] - \frac{\gamma}{2}\mathrm{Var}\left[r_{p,t+1} \right]$$

$$= -\frac{\gamma}{2}\left[\left(\frac{1}{\gamma}\mu_c - \Lambda \right) - \Sigma\theta \right]^{\top}\Sigma^{-1}\left[\left(\frac{1}{\gamma}\mu_c - \Lambda \right) - \Sigma\theta \right] + C$$

$$(3\text{-}42)$$

此时最优参数 $\theta^* = \Sigma^{-1}\left(\dfrac{1}{\gamma}\mu_c - \Lambda\right)$，该表达式也可以写为 $\theta^* = (\Sigma^{\mathsf{T}}\Sigma)^{-1}\left[\Sigma^{\mathsf{T}}\left(\dfrac{1}{\gamma}\mu_c - \Lambda\right)\right]$，即被视为 K 维的特征投资组合预期收益向量 μ_c/r（经特征变量组合与基准组合的协方差向量 Λ 调整后）回归于特征投资组合收益协方差矩阵 Σ 所得到的回归系数。可见上述最大化期望效用问题等价于线性回归问题。K 很大时 Σ 可能是奇异矩阵，进而会导致对 θ^* 估计的精准度下降以及出现极端值，使最优投资组合在样本外表现不稳定。Elliott，Gargano 和 Timmermann（2013）基于 Timmermann（2006）的组合预测方法提出了全子集回归法，每次回归选择 $k<K$ 个特征构成的"变量子集"作为解释变量进行回归，遍历所有子集组合后对所有回归的系数取均值作为最终的结果。设 y，X 分别是 T 维向量和 $T\times K$ 维矩阵，S_i 为 $K\times K$ 维选择矩阵，其中 i 列与单位阵相同，其余 $K-i$ 列为 0 向量，估计回归 $y=X\beta+\varepsilon$，传统 OLS 回归估计量为 $\hat{\beta}_{OLS}=(X^{\mathsf{T}}X)^{-1}X^{\mathsf{T}}y$，而全子集回归方法的估计量为

$$\hat{\beta}_{k,K} = \frac{1}{C_K^k}\sum_{i=1}^{C_K^k}(S_i X^{\mathsf{T}} X S_i)^{-1}S_i X^{\mathsf{T}}y \tag{3-43}$$

其中，$C_K^k=K!/[k!(K-k)!]$ 为组合数，表示从 K 个元素中选择 k 个元素的组合方式数量。下面将 CSC 方法应用于参数化投资组合最优化问题，假设投资者每次使用 $k(k<K)$ 个特征对投资组合权重进行建模，则会生成 C_K^k 个模型，对 C_K^k 个模型的结果取均值以充分使用特征变量中的信息，并且使投资组合权重更加平滑，最优参数 $\theta_{k,K}^{CSC}=(\theta_{k,K,1}^{CSC},\cdots,\theta_{k,K,K}^{CSC})$ 满足

$$w_{j,t} = w_{j,t}^b + \frac{1}{N_t}(\theta_{k,K,1}^{CSC} c_{j,t}^1 + \cdots + \theta_{k,K,K}^{CSC} c_{j,t}^K) = w_{j,t}^b + \frac{1}{N_t}\theta_{k,K}^{CSC\top} c_{j,t} \qquad (3\text{-}44)$$

$$\theta_{k,K}^{CSC} = \frac{1}{C_K^k}\sum_{i=1}^{C_K^k}(P_i\Sigma P_i)^-\left(\frac{1}{\gamma}P_i\mu_c - P_i\Lambda\right) \qquad (3\text{-}45)$$

其中，上标"-"为广义逆矩阵的标识，P_i 为 $K\times K$ 维矩阵，其仅在对角线上有 k 个元素取 1，其余元素取值均为 0，如果当期第 s 个特征变量被选中用以构造子集组合，则 P_i 的第 (s, s) 个元素为 1。可以发现，$\theta_{k,K}^{CSC} = \Phi_{k,K}\theta_{K,K}$，其中 $\Phi_{k,K} = \frac{1}{C_K^k}\sum_{i=1}^{C_K^k}(P_i\Sigma P_i)^- P_i\Sigma$，$\theta_{K,K}$ 为同时输入所有特征变量构造投资组合权重时的最优参数，$\theta_{K,K}$ 无偏，所以 CSC 方法本质上是将无偏参数估计值乘以一个调整系数，该调整系数取决于特征投资组合收益的协方差矩阵 Σ 以及 K 与 k 的取值。如果特征投资组合 $r_{c,t+1}$ 之间不相关，其协方差矩阵 Σ 为对角矩阵，则 $\Phi_{k,K} = \lambda_{k,K}I_K$，$\lambda_{k,K} = k/K = 1 - C_{K-1}^k/C_K^k$，$I_K$ 为 $K\times K$ 维单位矩阵，由此可见 CSC 方法相当于对 θ 的估计值施加了收缩，k 越小，这种收缩越强，等价于 L2 惩罚项调节参数为 $(1-\lambda_{k,K})/\lambda_{k,K}$ 的岭回归。实际上，由于 Σ 往往不是对角矩阵，所以会对 θ 的估计值施加更复杂的、非逐系数的收缩。另外，$\theta^* = \Sigma^{-1}\left(\frac{1}{\gamma}\mu_c - \Lambda\right)$ 线性解形式只适用于投资者具有均值方差效用的情况，而 CSC 方法可以适用于更具一般性的效用函数，例如 CRRA 效用函数等。

3.7   实证分析

本节假设投资者的资产集仅包含股票，交易数据以及财务数据均来源于 CSMAR 金融研究数据库，样本期间为 2000 年 1 月—2020 年 12 月。本节选取沪深两市 A 股上市公司作为样本展开研究，参考 Liu, Stambaugh 和 Yuan（2019）对原始样本进行了如下筛选：（1）剔除金融行业的公司；（2）剔除上市少于 6 个月的公司；（3）每月剔除上个月交易日少于 15 日的股票；（4）剔除在过去 12 个月内交易日少于 120 日的股票；（5）每月剔除市值最小的 30%的股票。[①]

参考 Hou, Xue 和 Zhang（2020），我们使用中国 A 股市场数据构造了 107 个上市公司特征变量，其中包括动量特征 10 个、价值特征 14 个、投资特征 20 个、盈利特征 19 个、无形资产特征 14 个，以及交易摩擦特征 30 个。[②] 考虑到特征变量数据频率的不同，按照如下规则对特征变量与月度股票收益率数据进行匹配：（1）对于按年度更新的特征，将从 t 年 7 月到 $t+1$ 年 6 月的收益率与 $t-1$ 年 12 月构造的特征匹配；（2）对于按季度更新的特征，将当月的收益率与最新可用的

[①] 样本筛选的主要原因包括两方面，一方面，参考 Liu, Stambaugh 和 Yuan（2019），在审核制时期 A 股上市成本高、时间长，未上市公司为了降低上市成本倾向于通过收购已经上市但市值不大的股票实现借壳上市，造成这一类上市公司的价值取决于"壳资源"，而不是基本面信息；另一方面，资产定价文献在构建组合时通常去掉小市值股票，因为其在实际投资中通常难以套利（Novy-Marx and Velikov, 2016）。

[②] 中国与美国的会计准则有差别，以及国内数据库提供的数据不够完善，导致很多构建特征所需的中介变量在 A 股找不到对应指标。因此本节修正了部分特征变量的计算方法，对于仍存在缺失值的情形，将缺失值用对应特征变量的月度中位数代替。

特征匹配，这些特征根据最新财务报告中发布的信息构造；（3）对于按月度更新的特征，将当月的收益率与上个月末构造的特征匹配。本文选取的 107 个特征变量含义及构建方法可参见本章附表 3-1。

本部分实证采用月度再平衡策略，通过样本内与样本外两种方式构建最优投资组合。样本内指利用全部数据估计最优参数 θ^*，不考虑是否用到了未来信息，根据固定的 θ^* 估计量计算每月的组合权重配比。对于样本外，本节使用 10 年的滚动估计窗口不断更新 θ^* 以模拟真实投资。具体地，本节将全部 252 个月（2000 年 1 月—2020 年 12 月）的样本分为初始 120 个月的估计窗口与 132 个月的投资期窗口，利用第一个估计窗口（2000 年 1 月—2009 年 12 月）的特征变量数据与收益率数据（特征变量相对收益率要滞后一个月）估计 θ^*，计算下一个月即 2010 年 1 月持有组合的权重并记录收益。之后将估计窗口向前滚动一个月，更新 θ^* 估计并计算 2010 年 2 月的权重，重复以上步骤直到样本期末。在本节的主要实证结果中，均值方差效用的风险厌恶系数 $\gamma = 5$。

（一）单一特征最优组合配置结果

在分析同时使用上述 107 个特征的参数化投资组合之前，本节首先在表 3-1 展示了使用单一特征的最优参数化投资组合的样本外表现，以直观观察每个特征对最优投资组合的影响。表 3-1 报告的变量包括参数 θ 的估计、投资组合权重的分布、投资组合收益、换手率、夏普比率和确定性等价值。

表 3-1 基于单一特征的最优参数化投资组合

模型	θ	ts. sd	abs(w−)%	max(w−)%	min(w−)%	sum(w−)	I(w−)/N	Turn-over	Mean	Std	Max 1M Loss	CE	SR	CH-4 alpha	test. CE	test. SR
平均	—	—	0.098	6.673	−0.302	−0.294	0.303	0.713	0.146	0.222	−0.253	0.022	0.656	0.008	(6.94)	(6.34)
abr	7.039	(2.35)	0.317	6.570	−1.005	−2.225	0.467	2.963	0.364	0.299	−0.264	0.140	1.217	0.036	(3.86)	(4.80)
abtur	−6.386	(1.31)	0.327	6.567	−1.621	−2.057	0.334	4.524	0.357	0.366	−0.497	0.023	0.976	0.016	(1.11)	(2.48)
age	−1.779	(1.25)	0.138	6.653	−0.204	−0.527	0.305	0.451	0.067	0.276	−0.280	−0.124	0.241	0.007	(−0.60)	(0.45)
alaq	5.192	(0.92)	0.253	6.374	−0.893	−1.606	0.415	1.364	0.164	0.278	−0.267	−0.029	0.591	0.014	(1.59)	(2.61)
almq	0.570	(0.78)	0.080	6.554	−0.070	−0.116	0.188	0.270	0.015	0.249	−0.275	−0.141	0.059	−0.001	(−2.45)	(−1.86)
ami	5.920	(1.48)	0.242	6.142	−0.369	−1.544	0.553	2.604	0.268	0.331	−0.328	−0.005	0.811	0.011	(1.14)	(2.49)
amq	0.690	(0.55)	0.072	6.563	−0.036	−0.065	0.200	0.207	0.022	0.241	−0.264	−0.123	0.090	−0.001	(−1.66)	(−1.56)
atoq	10.294	(3.17)	0.221	7.192	−0.172	−1.411	0.741	1.087	0.132	0.230	−0.221	−0.001	0.573	0.008	(2.23)	(2.16)
beta	−4.774	(0.59)	0.229	7.081	−0.865	−1.377	0.382	0.884	0.129	0.208	−0.173	0.020	0.617	0.003	(2.05)	(1.75)
beta_	−3.085	(0.75)	0.170	6.843	−0.415	−0.927	0.424	1.003	0.104	0.224	−0.243	−0.022	0.462	0.005	(1.98)	(1.76)
betad	0.520	(0.78)	0.074	6.540	−0.100	−0.121	0.169	0.833	0.057	0.252	−0.254	−0.102	0.226	0.004	(−0.15)	(0.91)
betafp	−5.606	(1.08)	0.246	7.161	−0.781	−1.566	0.368	1.138	0.199	0.210	−0.163	0.088	0.946	0.005	(2.82)	(2.65)
blq	−1.796	(1.07)	0.125	6.602	−0.545	−0.437	0.197	0.411	0.044	0.251	−0.275	−0.113	0.175	0.005	(−0.43)	(−0.01)
bmj	2.533	(1.38)	0.129	6.987	−0.148	−0.463	0.418	0.444	0.025	0.241	−0.258	−0.121	0.102	−0.004	(−0.73)	(−0.67)
bmq	1.031	(0.57)	0.083	6.631	−0.072	−0.149	0.274	0.273	0.025	0.241	−0.257	−0.120	0.104	−0.002	(−0.99)	(−0.90)

续表

	θ	ts. sd	abs (w)%	max (w)%	min (w)%	sum (w−)	I(w−)/N	Turn-over	Mean	Std	Max 1M Loss	CE	SR	CH-4 alpha	test. CE	test. SR
cdi	−14.442	(7.26)	0.225	6.621	−6.506	−1.454	0.060	0.852	0.105	0.235	−0.267	−0.034	0.444	0.004	(1.80)	(1.79)
claq	6.026	(1.47)	0.281	6.931	−1.253	−1.799	0.405	2.456	0.094	0.225	−0.236	−0.033	0.417	0.006	(1.67)	(1.45)
cop	5.404	(1.38)	0.246	7.132	−1.094	−1.497	0.387	1.006	0.075	0.220	−0.246	−0.045	0.343	0.002	(1.31)	(0.96)
cpq	4.152	(0.77)	0.183	6.471	−0.185	−0.953	0.569	1.025	0.056	0.268	−0.238	−0.124	0.209	−0.004	(−0.56)	(0.21)
cs	−0.068	(0.81)	0.076	6.548	−0.091	−0.104	0.180	0.836	0.025	0.237	−0.269	−0.116	0.105	0.000	(−1.40)	(−1.63)
cta	3.228	(1.18)	0.175	6.388	−0.251	−0.834	0.498	0.769	0.096	0.287	−0.277	−0.110	0.334	0.011	(−0.20)	(0.87)
ctoq	9.037	(1.98)	0.392	6.762	−0.657	−2.723	0.564	1.912	0.218	0.259	−0.223	0.051	0.844	0.016	(2.47)	(2.82)
cvd	−3.610	(1.85)	0.196	6.685	−0.698	−1.170	0.339	1.667	0.196	0.268	−0.314	0.016	0.731	0.015	(2.57)	(3.28)
cvt	−3.063	(1.73)	0.178	6.659	−0.600	−0.980	0.315	1.395	0.151	0.269	−0.306	−0.030	0.562	0.014	(1.80)	(2.72)
db	−0.952	(5.5)	0.107	6.549	−0.557	−0.432	0.173	0.477	0.032	0.243	−0.270	−0.116	0.130	−0.001	(−0.81)	(−0.60)
dcoa	−1.893	(1.43)	0.102	6.597	−0.656	−0.372	0.143	0.412	0.033	0.236	−0.270	−0.106	0.142	0.000	(−0.45)	(−0.70)
dcol	−4.387	(2.61)	0.170	6.621	−1.445	−1.003	0.219	0.839	0.045	0.239	−0.261	−0.098	0.187	−0.001	(0.11)	(0.12)
dfin	9.040	(4.76)	0.163	6.613	−1.070	−0.993	0.134	0.778	0.041	0.238	−0.270	−0.101	0.172	0.002	(−0.06)	(−0.07)
dfnl	−10.203	(3.97)	0.194	6.661	−1.645	−1.237	0.124	0.872	0.054	0.224	−0.270	−0.072	0.241	0.001	(1.03)	(0.57)
dgs	2.478	(1.27)	0.100	6.515	−0.385	−0.315	0.247	0.426	0.033	0.236	−0.263	−0.107	0.138	0.000	(−0.70)	(−1.02)
dlti	2.393	(2.52)	0.081	6.547	−0.226	−0.185	0.122	0.452	0.042	0.242	−0.270	−0.104	0.173	0.002	(−0.53)	(−0.11)
dmq	0.351	(0.71)	0.069	6.543	−0.053	−0.049	0.127	0.211	0.018	0.240	−0.269	−0.126	0.076	0.000	(−2.43)	(−2.37)

续表

	θ	ts. sd	abs (w)%	max (w)%	min (w)%	sum (w−)	I(w−)/N	Turn-over	Mean	Std	Max 1M Loss	CE	SR	CH-4 alpha	test. CE	test. SR
dnca	-3.679	(3.47)	0.148	6.614	-1.446	-0.789	0.155	0.730	0.053	0.257	-0.272	-0.112	0.206	0.000	(-0.43)	(0.30)
dncl	-6.919	(2.84)	0.249	6.612	-2.273	-1.640	0.148	1.118	0.062	0.263	-0.284	-0.110	0.237	0.003	(-0.34)	(0.56)
dnco	-2.741	(3.21)	0.130	6.599	-1.128	-0.624	0.175	0.633	0.050	0.251	-0.271	-0.107	0.201	0.000	(-0.31)	(0.31)
dnoa	-2.971	(1.66)	0.127	6.604	-1.205	-0.566	0.159	0.577	0.043	0.246	-0.270	-0.108	0.175	0.000	(-0.40)	(-0.01)
dpia	-4.173	(3.85)	0.161	6.636	-1.516	-0.933	0.167	0.785	0.034	0.253	-0.297	-0.126	0.133	-0.001	(-1.17)	(-0.51)
dsa	6.880	(2.22)	0.218	6.557	-2.840	-1.250	0.213	0.961	0.049	0.243	-0.260	-0.099	0.200	0.003	(0.05)	(0.27)
dsi	12.188	(3.1)	0.381	6.683	-4.699	-2.486	0.293	1.822	0.074	0.260	-0.263	-0.095	0.285	0.002	(0.12)	(0.66)
dss	-2.611	(3.33)	0.153	6.519	-1.068	-0.770	0.244	0.693	0.038	0.250	-0.262	-0.118	0.153	0.003	(-0.94)	(-0.32)
dsti	-5.863	(3.81)	0.118	6.568	-1.475	-0.518	0.043	0.503	0.041	0.244	-0.270	-0.107	0.170	0.001	(-0.40)	(-0.09)
dtv	-4.563	(1.03)	0.185	6.017	-1.286	-1.030	0.236	0.875	0.206	0.305	-0.263	-0.027	0.675	0.003	(1.06)	(2.18)
dwc	1.279	(2.01)	0.101	6.571	-0.369	-0.359	0.217	0.559	0.041	0.241	-0.270	-0.105	0.169	0.002	(-0.49)	(-0.20)
e6	1.687	(1.57)	0.099	6.560	-0.281	-0.374	0.191	0.795	0.058	0.248	-0.269	-0.096	0.233	0.006	(0.21)	(0.81)
e11	0.654	(1.42)	0.083	6.546	-0.155	-0.219	0.157	0.464	0.039	0.240	-0.269	-0.106	0.161	0.003	(-0.47)	(-0.32)
emq	-14.792	(1.92)	0.416	6.868	-6.271	-2.928	0.160	3.092	0.382	0.304	-0.163	0.152	1.259	0.011	(2.72)	(3.34)
epq	4.655	(1.57)	0.226	6.844	-0.283	-1.227	0.559	1.358	0.166	0.305	-0.214	-0.067	0.543	0.000	(0.43)	(1.47)
fp	-3.265	(0.63)	0.179	6.666	-0.495	-0.936	0.364	0.646	0.102	0.246	-0.270	-0.049	0.417	0.009	(1.33)	(1.58)
gla	4.230	(0.68)	0.180	6.733	-0.296	-0.957	0.491	0.642	0.110	0.247	-0.255	-0.042	0.447	0.012	(1.31)	(1.55)

续表

	θ	ts.sd	abs(w)%	max(w)%	min(w)%	sum(w−)	I(w−)/N	Turn-over	Mean	Std	Max 1M Loss	CE	SR	CH-4 alpha	test. CE	test. SR
gpa	4.408	(0.53)	0.214	6.847	−0.384	−1.214	0.515	0.714	0.143	0.258	−0.252	−0.023	0.554	0.015	(1.32)	(1.69)
ia	−2.833	(3.68)	0.132	6.603	−1.131	−0.682	0.183	0.625	0.040	0.246	−0.277	−0.111	0.165	−0.002	(−0.44)	(−0.12)
iaq	1.624	(1.83)	0.096	6.526	−0.189	−0.265	0.305	0.464	0.052	0.249	−0.276	−0.103	0.208	0.003	(−0.23)	(0.67)
ietp	−5.325	(1.22)	0.287	6.466	−0.806	−1.753	0.437	2.948	0.174	0.302	−0.301	−0.054	0.576	0.011	(0.81)	(2.19)
intisk	−9.597	(3.05)	0.520	6.488	−1.483	−3.434	0.462	6.493	0.256	0.372	−0.342	−0.090	0.688	0.016	(0.09)	(1.99)
isff	−8.401	(3.32)	0.447	6.740	−1.496	−2.921	0.427	9.487	0.132	0.302	−0.480	−0.096	0.437	0.012	(0.07)	(1.38)
isk90	−8.566	(2.42)	0.462	6.527	−1.318	−3.022	0.459	5.428	0.262	0.364	−0.354	−0.070	0.719	0.016	(0.32)	(2.16)
isk95	−7.159	(3.08)	0.400	6.474	−1.119	−2.478	0.448	4.406	0.250	0.371	−0.334	−0.094	0.673	0.019	(0.05)	(1.97)
iskew	−3.216	(2.07)	0.196	6.424	−0.688	−0.948	0.329	1.570	0.118	0.299	−0.293	−0.105	0.396	0.012	(−0.09)	(1.21)
iv	−3.354	(1.43)	0.175	6.839	−1.165	−0.860	0.274	0.764	0.121	0.261	−0.255	−0.050	0.462	0.003	(0.96)	(1.45)
ivc	−7.932	(2.27)	0.433	7.229	−1.627	−2.833	0.386	6.617	0.398	0.401	−0.443	−0.004	0.991	−0.001	(0.69)	(2.16)
ivff	−10.067	(1.5)	0.526	7.410	−2.028	−3.655	0.392	8.542	0.637	0.439	−0.402	0.155	1.450	0.013	(1.65)	(3.18)
ivg	−9.545	(3.33)	0.306	6.706	−4.540	−1.867	0.206	1.439	0.051	0.260	−0.276	−0.118	0.195	−0.001	(−0.44)	(0.12)
ivq	−9.083	(1.77)	0.481	7.327	−1.850	−3.271	0.388	7.727	0.534	0.418	−0.418	0.098	1.279	0.008	(1.38)	(2.87)
kzq	−0.714	(0.78)	0.066	6.533	−0.040	−0.033	0.135	0.203	0.042	0.241	−0.270	−0.104	0.174	0.001	(−0.49)	(−0.09)
ltry	−5.921	(0.71)	0.316	6.875	−0.832	−2.104	0.438	5.575	0.260	0.289	−0.288	0.052	0.902	0.018	(2.15)	(2.88)
max5	−6.236	(1.34)	0.335	7.035	−1.355	−2.119	0.365	5.480	0.284	0.333	−0.324	0.006	0.852	−0.003	(1.00)	(1.98)

续表

	θ	ts. sd	abs (w)%	max (w)%	min (w)%	sum (w−)	I(w−) /N	Turn- over	Mean	Std	Max 1M Loss	CE	SR	CH-4 alpha	test. CE	test. SR
mdr	−8.398	(1.61)	0.459	7.160	−1.053	−3.104	0.386	8.095	0.349	0.360	−0.308	0.024	0.967	0.000	(1.04)	(2.20)
nei	10.085	(2.43)	0.452	6.680	−0.480	−3.343	0.566	2.590	0.420	0.312	−0.201	0.177	1.346	0.035	(3.27)	(4.04)
noa	−8.744	(2.07)	0.330	6.477	−3.398	−2.148	0.347	1.440	0.117	0.302	−0.283	−0.110	0.390	0.005	(−0.20)	(1.30)
nopq	3.984	(2.32)	0.135	6.531	−0.115	−0.516	0.470	0.989	0.015	0.249	−0.254	−0.140	0.062	−0.004	(−1.40)	(−1.04)
nsi	0.752	(1.97)	0.108	6.510	−0.142	−0.369	0.338	0.492	0.039	0.242	−0.278	−0.107	0.163	0.002	(−0.49)	(−0.25)
ocpq	4.431	(2.84)	0.213	6.743	−0.228	−1.034	0.550	1.259	0.038	0.310	−0.246	−0.203	0.121	−0.005	(−1.55)	(−0.26)
ola	3.114	(1.18)	0.138	6.873	−0.281	−0.657	0.416	0.503	0.077	0.235	−0.257	−0.061	0.328	0.006	(1.46)	(1.42)
oleq	6.171	(2.85)	0.264	7.157	−0.825	−1.834	0.501	1.781	0.392	0.322	−0.217	0.132	1.216	0.030	(2.76)	(3.76)
olq	8.269	(1.97)	0.373	6.638	−0.591	−2.472	0.568	1.634	0.120	0.246	−0.235	−0.032	0.487	0.007	(1.40)	(1.61)
opa	3.875	(1.09)	0.189	7.069	−0.494	−1.080	0.453	0.682	0.100	0.231	−0.249	−0.033	0.435	0.007	(1.71)	(1.61)
ope	3.186	(1.02)	0.165	6.914	−0.530	−0.856	0.424	0.584	0.075	0.234	−0.254	−0.062	0.320	0.003	(1.28)	(1.20)
opq	1.472	(1.45)	0.096	6.555	−0.079	−0.223	0.260	0.519	0.007	0.242	−0.269	−0.140	0.029	−0.002	(−2.08)	(−1.94)
oq	−6.273	(1.23)	0.288	7.080	−0.811	−1.898	0.445	1.278	0.250	0.268	−0.240	0.070	0.932	0.024	(2.75)	(3.22)
pmq	7.949	(4.18)	0.300	6.732	−1.721	−2.189	0.482	1.943	0.306	0.295	−0.235	0.088	1.037	0.025	(2.62)	(3.40)
poa	5.267	(3.36)	0.203	6.520	−2.136	−1.034	0.203	0.903	0.070	0.272	−0.308	−0.115	0.256	0.006	(−0.48)	(0.73)
pps	0.463	(0.5)	0.069	6.537	−0.030	−0.050	0.158	0.186	0.034	0.241	−0.271	−0.111	0.143	0.003	(−0.69)	(−0.55)
r6	0.017	(0.71)	0.071	6.552	−0.081	−0.074	0.134	0.363	0.043	0.241	−0.271	−0.103	0.176	0.004	(−0.27)	(0.00)

续表

	θ	ts. sd	abs (w)%	max (w)%	min (w)%	sum (w−)	I(w−)/N	Turn-over	Mean	Std	Max 1M Loss	CE	SR	CH-4 alpha	test. CE	test. SR
r1l	0.312	(0.73)	0.073	6.542	−0.084	−0.088	0.197	0.342	0.050	0.242	−0.266	−0.097	0.205	0.005	(0.23)	(0.52)
r1a	2.016	(1.75)	0.135	6.525	−0.281	−0.513	0.289	2.257	0.055	0.260	−0.278	−0.114	0.211	0.004	(−0.51)	(0.34)
r1n	−1.242	(1.03)	0.087	6.564	−0.212	−0.230	0.168	0.509	0.047	0.240	−0.233	−0.097	0.194	0.000	(0.16)	(0.24)
rev	−3.162	(2.76)	0.119	6.490	−0.668	−0.569	0.152	0.613	0.038	0.243	−0.260	−0.110	0.156	0.000	(−0.45)	(−0.23)
maq	9.012	(4.11)	0.193	7.405	−0.209	−1.212	0.711	0.984	0.194	0.250	−0.222	0.038	0.777	0.016	(2.72)	(2.99)
roa	6.220	(2.65)	0.269	6.860	−0.768	−1.862	0.508	1.790	0.395	0.318	−0.229	0.143	1.243	0.035	(2.88)	(3.79)
roe	6.433	(3.17)	0.268	6.791	−1.034	−1.887	0.484	1.933	0.418	0.332	−0.228	0.142	1.257	0.033	(2.74)	(3.83)
rs	16.191	(6.25)	0.549	7.141	−2.374	−4.271	0.405	4.266	0.500	0.354	−0.259	0.187	1.414	0.044	(3.04)	(4.34)
sgq	4.043	(2.37)	0.130	6.520	−0.275	−0.610	0.422	0.882	0.113	0.272	−0.273	−0.072	0.416	0.011	(0.91)	(2.28)
size	−0.729	(0.69)	0.065	6.399	0.003	−0.023	0.080	0.244	0.055	0.269	−0.301	−0.125	0.206	0.003	(−1.04)	(0.35)
spq	3.800	(2.92)	0.183	6.703	−0.184	−0.809	0.530	0.770	0.027	0.293	−0.241	−0.187	0.093	−0.004	(−1.50)	(−0.42)
sr	1.744	(2.30)	0.128	6.564	−0.345	−0.447	0.203	0.450	0.025	0.237	−0.271	−0.116	0.104	0.000	(−1.15)	(−1.29)
srev	−3.865	(1.01)	0.195	6.561	−0.782	−1.144	0.344	4.188	0.248	0.311	−0.240	0.006	0.798	0.008	(1.68)	(3.05)
sue	15.750	(7.43)	0.587	6.783	−2.142	−4.749	0.409	4.964	0.781	0.439	−0.231	0.299	1.779	0.063	(2.95)	(4.71)
tail	8.044	(4.79)	0.369	6.736	−1.900	−2.189	0.349	1.425	0.071	0.316	−0.304	−0.178	0.226	0.004	(−1.27)	(0.26)
tanq	3.077	(0.67)	0.172	6.540	−0.537	−0.846	0.374	0.722	0.076	0.257	−0.263	−0.090	0.294	0.008	(0.28)	(0.84)
tbiq	−7.346	(2.13)	0.252	6.469	−2.877	−1.641	0.242	1.714	0.156	0.274	−0.298	−0.032	0.568	0.014	(1.61)	(2.60)

续表

	θ	ts. sd	abs (w)%	max (w)%	min (w)%	sum (w−)	I(w−)/N	Turn-over	Mean	Std	Max 1M Loss	CE	SR	CH-4 alpha	test. CE	test. SR
tes	16.398	(6.02)	0.561	7.194	−3.125	−4.405	0.452	5.070	0.564	0.414	−0.231	0.136	1.363	0.045	(1.96)	(3.83)
ts	−3.497	(0.94)	0.185	6.540	−0.532	−1.039	0.385	3.947	0.104	0.273	−0.272	−0.082	0.381	0.005	(0.54)	(1.78)
tur	−5.989	(0.75)	0.318	7.053	−1.328	−2.070	0.358	1.332	0.339	0.278	−0.202	0.146	1.219	0.012	(2.77)	(3.13)
tv	−4.396	(0.78)	0.249	6.980	−0.858	−1.457	0.373	3.529	0.147	0.259	−0.260	−0.021	0.569	−0.006	(0.98)	(1.26)
w52	1.084	(0.54)	0.094	6.574	−0.173	−0.259	0.257	0.582	0.064	0.238	−0.270	−0.078	0.268	0.007	(1.05)	(1.09)
wwq	0.138	(0.64)	0.068	6.531	−0.050	−0.044	0.111	0.219	0.027	0.259	−0.288	−0.140	0.104	0.002	(−1.79)	(−0.88)
zq	1.227	(0.81)	0.077	6.520	−0.039	−0.108	0.263	0.257	0.046	0.256	−0.279	−0.118	0.181	0.005	(−0.64)	(0.04)

　　表3-1的前两列报告了样本外期间 θ 的平均值和标准差。正（负）θ 意味着最优权重相对于市值加权市场投资组合权重的偏差应随着特征的增加（减少）而增加（减少）。因为所有特征都经过了横截面标准化，所以 θ 的绝对值是可比较的，$|\theta|$ 越大，对应的特征越重要。总体上，θ 的符号与文献一致。例如，投资者偏好持有高累计异常收益（abr；Daniel, Hirshleifer, and Sun, 2020）、高账面市值比（bmj；Fama and French, 1993）以及高预期外盈利的股票（sue；Foster, Olsen, and Shevlin, 1984）；避免持有高异质性波动率（ivff；Ang, et al., 2006）、高异质性偏度（iskew；Nartea, Kong, and Wu, 2017）以及高短期反转（srev；Jegadeesh, 1990）的股票。从 $|\theta|$ 大小来看，预期外税收费用（tes）、预期外收入（rs）、预期外盈利（sue）等特征对权重偏移的影响最大，而协偏度（cs）与前6个月累计收益（r6）等特征则几乎没有影响。θ 的时间序列标准差显示了估计的稳定性，超过半数的标准差超过了估计均值的一半，反映出单一特征对权重的影响波动较大。

　　从投资组合表现来看，近一半的投资组合年化收益率超过10%，最高达到78.1%。此外，最优投资组合的年化波动率从20.8%到43.9%不等。每月最大损失（Max 1M Loss）最低为-16.3%，最高为-49.7%。从风险与收益权衡的角度来看，107个投资组合的年化夏普比率分布在0.029~1.779，确定性等价值在-20.3%~29.9%。表3-1最后两列检验了其中单一特征投资组合的年化夏普比率和确定性等价值是否与市值加权投资组合不同。35个投资组合的年化夏普比率和20个投资组合的确定性等价值分别显著优于市值加权投资组合。

表现最好的投资组合是预期外盈利（sue），而基于股利支付率（opq）的投资组合几乎无法为投资者带来任何超额收益。表 3-1 还显示了经 Liu-Stambaugh-Yuan 四因子模型调整后的投资组合超额收益（CH-4 alpha），有 78 个投资组合可获得正超额收益，32 个投资组合月收益率超过 1%。

此外，表 3-1 第一行显示，通过对 107 个模型权重进行简单平均构建的投资组合，可以获得 0.656 的年化夏普比率和 2.2% 的确定性等价值。在这种情况下，投资者虽然利用了所有特征的信息，但对所有信息的重要性一视同仁，在管理组合时更加分散权重，因此无法在出现明显利好或利空消息时，做多或做空股票获得高额收益；此外，单一特征的预测能力很难在长期保持一致性，当单一特征的预测能力下降时，样本外表现就会变差。因此有必要尝试使用降维方法和信息汇总方法来更好地处理包含大量公司特征的信息。

（二）基于全子集组合法的最优组合配置

表 3-2 报告了基于全子集组合法的最优参数化投资组合样本外表现。第 1 列是基于最优子集维度的全子集组合法的结果（CSC-opt）。此处使用 10 折交叉验证，在验证集中选择能够最大化投资者确定性等价值的子集维度作为最优子集维度。① 第 2~4 列报告了子集维度固

---

① 由于理论上的全子集组合数目过多，受算力限制，我们使用全子集组合法时最多抽取 5 000 个模型计算，实证结果显示这种节省算力的设定已经可以保证很稳健的样本外收益表现。

定为 3、6 和 12 的最优投资组合。作为比较，第 5~8 列分别显示了等权重组合、市值加权组合、基于 Liu, Stambaugh 和 Yuan（2019）3 个特征的参数化投资组合（CH-3），以及根据 Brandt, Santa-Clara 和 Valkanov（2009）的传统方法使用全部 107 个特征得到的最优投资组合。

表 3-2　基于全子集组合法的最优参数化投资组合

	CSC-opt	CSC-3	CSC-6	CSC-12	EW	VW	CH-3	OLS
avg $\lvert w_i \rvert \times 100$	1.032	0.211	0.380	0.706	0.062	0.062	0.527	65.856
max $w_i \times 100$	7.074	6.878	7.029	6.973	0.062	6.536	8.386	470.010
min $w_i \times 100$	−5.929	−1.033	−2.105	−4.032	0.062	0.014	−3.627	−534.802
$\sum w_i I(w_i<0)$	−7.813	−1.222	−2.593	−5.247	0.000	0.000	−3.735	−533.874
$\sum I(w_i \leq 0) N_t$	0.468	0.402	0.434	0.458	0.000	0.000	0.475	0.493
Turnover	11.858	2.152	4.270	8.193	0.141	0.065	5.809	1 734.322
Mean	1.821	0.363	0.690	1.313	0.059	0.042	0.775	34.811
Std	0.603	0.227	0.295	0.465	0.280	0.239	0.513	32.713
Max 1M Loss	−0.367	−0.211	−0.163	−0.332	−0.301	−0.271	−0.391	−18.168
CE	0.911	0.234	0.472	0.771	−0.137	−0.100	0.116	−5 315.833
Sharpe ratio	3.019	1.598	2.338	2.820	0.210	0.176	1.510	1.064
CH-4 alpha	0.096	0.019	0.035	0.068	0.000	0.000	0.015	1.816
test. CE	−	(3.63)	(2.94)	(1.80)	(4.53)	(4.56)	(3.94)	(8.02)
test. SR	−	(4.46)	(3.46)	(2.24)	(6.08)	(6.38)	(4.42)	(5.16)

表 3-2 显示，CSC-opt 组合的年化收益率为 182.1%，年化夏普比率为 3.109，确定性等价为 91.1%，远高于等权重组合、市值加权组合、CH-3 组合。表 3-2 的最后两行检验了 CSC-opt 投资组合与其他投资组合在夏普比率和确定性等价值方面的差异，可以看出 CSC-opt 的样本外性能明显优于其他方法。相比之下，OLS 的性能较差，最大月

损失为 1 816.8%①，夏普比率为 1.064，这表明 CSC 方法可以很好地避免 OLS 估计在高维设定中的过拟合问题。当 $k=3$ 时，尽管使用了相同数量的特征，CSC-3 投资组合的夏普比率和确定性等价值比 CH-3 投资组合显著更好，表明 Liu，Stambaugh 和 Yuan（2019）三因子模型对预期收益的解释能力不如所有三因子模型的平均。这一发现与 Kelly，Pruitt 和 Su（2019）一致，他们基于大量特征构建了隐含因子模型，发现相同数量的隐含因子定价能力更强，反映了仅使用少数特征构建定价模型的局限性。

图 3-1 绘制了最佳子集维度如何随时间变化。在整个样本外区间，

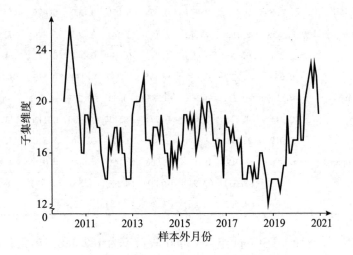

图 3-1 最优子集维度随时间的变化

---

① OLS 的单月最大损失突破 100% 的主要原因是其计算出的权重会过度做空大量股票，表 3-2 显示 OLS 算法做空的股票数量比例高达 49.3%，总做空权重为−533.87%。

最优子集维数在 16 左右波动，2010 年左右达到最大值 26，2019 年左右达到最小值 12。最优子集维数的大小与当期特征对收益率的预测能力有关，当特征的预测能力整体降低时，最优子集维数也会降低，反之亦然。图 3-2 进一步显示了子集维度从 1 到 30 的最优投资组合对应的年化夏普比率和确定性等价值的变化。可以看出，夏普比率对应的曲线是下凹的（即二阶导数为负），随着子集维度的增加，夏普比率的边际提升越来越小。确定性等价值对应的曲线呈现抛物线的形状，当子集维度大约为 21 时曲线达到最大值（约为 0.95）。

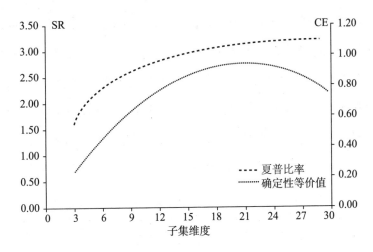

图 3-2　年化夏普比率与确定性等价值随子集维度的变化

（三）基于其他机器学习方法的最优组合配置

接下来本节检验了基于其他机器学习方法的最优组合表现，包括变量选择方法如 LASSO 回归、自适应 LASSO 回归、弹性网络回归（Enet）、非参数组 LASSO 回归（NpLASSO），以及信息汇总方法如普通主成分分析（PCA）、风险溢价主成分分析（RP-PCA）以及神经网络方法。表 3-3 报告了上述方法的样本外表现，其中，与之前相同，通过最大化验证集的确定性等价值来确定超参数。

由表 3-3 可以看出 CSC 方法显著优于前面列举的几乎所有的其他方法。由于变量选择方法关注的是少数特征的收益可预测性，而不是平均不同特征的可预测性，因此它会放大所选特征的信号，从而导致极大的投资组合权重。当预测准确时，通过变量选择方法优化的投资组合可以获得非常高的收益，LASSO 回归、自适应 LASSO 回归的年化收益率都在 400% 以上，弹性网络回归接近 800%。然而，由于该类组合年化波动超过 100%，月度最大亏损接近甚至超过 100%，如果变量选择失败，那么投资组合将会有很大的风险。权衡收益和风险后，所有变量选择方法的夏普比率和确定性等价值均低于 CSC 方法。

表 3-3　基于信息汇总及变量选择方法的最优组合

	CSC-opt	LASSO	Ad-LASSO	Enet	NpLASSO	PCA	RP-PCA
avg $|w_i| \times 100$	1.032	2.699	2.764	8.136	1.368	0.796	0.492
max $w_i \times 100$	7.074	12.763	13.049	46.828	7.399	6.796	6.833
min $w_i \times 100$	−5.929	−16.348	−16.555	−60.019	−5.703	−3.897	−2.310
$\sum w_i I(w_i < 0)$	−7.813	−21.323	−21.724	−65.848	−10.597	−5.894	−3.414
$\sum I(w_i \le 0) N_t$	0.468	0.481	0.479	0.491	0.471	0.451	0.450
Turnover	11.858	39.739	52.332	413.136	22.119	12.035	6.147

续表

	CSC-opt	LASSO	Ad-LASSO	Enet	NpLASSO	PCA	RP-PCA
Mean	1.821	4.154	4.053	7.922	1.941	1.480	0.932
Std	0.603	1.509	1.413	3.561	0.804	0.629	0.360
Max 1M Loss	−0.367	−0.608	−0.943	−2.615	−0.922	−0.371	−0.183
CE	0.911	−1.538	−0.937	−23.774	0.325	0.492	0.608
Sharpe ratio	3.019	2.753	2.869	2.225	2.414	2.355	2.588
CH-4 alpha	0.096	0.242	0.238	0.462	0.115	0.064	0.050
test. CE	−	(3.42)	(2.91)	(6.23)	(2.31)	(2.75)	(1.96)
test. SR	−	(1.03)	(0.55)	(2.62)	(1.99)	(2.81)	(1.67)

CSC 方法的表现也优于 PCA 和 RP-PCA 方法。PCA 组合年化波动率与 CSC 组合相似，但由于其年化收益率较低，年化夏普比率仅为 2.355，确定性等价值仅为 49.2%。RP-PCA 的表现更好，夏普比率和确定性等价值分别为 2.588 和 60.8%，这与 Lettau 和 Pelger（2020b）基于 RP-PCA 方法产生的隐含因子的定价能力强于传统 PCA 的结论一致。与两种 PCA 方法相比，CSC 方法可以获得更高的预期收益、更高的年化夏普比率和更高的确定性等价值。

为了进一步揭示这些方法有不同表现的原因，图 3-3 绘制了这些变量选择方法每月选择的特征数量和最佳主成分数量。LASSO 回归每个月选择大约 30 个特征，而自适应 LASSO 回归由于两步法选择的变量较少。两种方法选择的特征数量波动较大，这也是对应组合换手率高的原因。在大部分月份弹性网络保留的特征数量都在 90 以上，对应式（3-46）求解最优参数时，λ_2 接近于 1，这反映出弹性网络更接近岭回归。

$$\theta^{LASSO} = \arg\min_{\theta} \left[\left(\frac{1}{\gamma}\mu_c - \Lambda \right) - \Sigma\theta \right]^{\top} \Sigma^{-1} \left[\left(\frac{1}{\gamma}\mu_c - \Lambda \right) - \Sigma\theta \right]$$

$$+ \lambda_1 \left[(1-\lambda_2) \|\theta\|_1 + \lambda_2 \|\theta\|_2 \right] \tag{3-46}$$

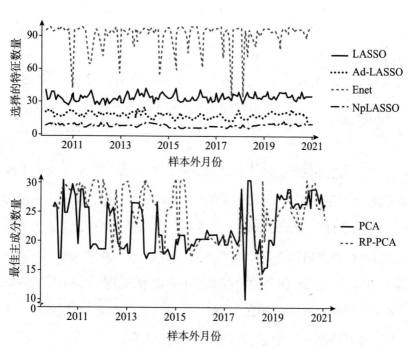

图 3-3 选择的特征数量和最佳主成分数量随时间的变化

如 3.5 节所述，当特征投资组合收益 $r_{c,t+1}^{k}$（$k=1$，2，…，K）不相关时，CSC 方法等价于岭回归。因此，岭回归不如 CSC 方法，具有更大的估计方差、更差的样本外夏普比率和确定性等价值。弹性网络选择的特征数量波动最大，导致其投资组合的换手率最高。相比之下，非参数组 LASSO 每月大约保留 5 个特征，导致相应投资组合的波动性和换手率较低。此外，PCA 方法和 RP-PCA 方法保留的主成分数量分别约为 20 和 25。主成分分析总结了所有变量的信息，导致了低换手率和更好的样本外表现。

此外，我们将 CSC 方法的投资组合表现与神经网络方法进行比较。表 3-4 汇报了基于神经网络的最优参数化投资组合的表现。NN1—NN5 分别表示包含 1~5 层隐藏层的神经网络模型，CSC-opt 表示用于对比的通过交叉验证决定最优子集数量的全子集组合法。训练窗口同样使用 120 个月的滚动数据，样本外窗口使用 2010 年 1 月—2020 年 12 月的数据。总体而言，神经网络模型优化的投资组合在个股上的时序平均绝对权重不高，平均绝对权重从 0.310% 变化到 1.948%。但有趣的是，这些投资组合往往过度配置某些股票，最大时序平均权重超过 30%。此外，除 NN1 投资组合外，其他投资组合的杠杆较低，最小权重不低于−6%，负权重之和小于 CSC-opt 投资组合。NN1 模型只有一个隐藏层，因此容易造成欠拟合，无法学习特征与投资组合权重之间的关系。因此，与其他网络模型相比，其组合分布更接近 OLS 投资组合。随着隐藏层数增加，NN1 模型更容易过拟合，泛化性下降。NN1 投资组合的年化波动率超过年化收益率，夏普比率仅为 0.846，确定性等价值为很低的负值。随着网络结构变得更复杂，NN2—NN5 投资组合的年化收益率和波动率均大致呈下降趋势。从夏普比率来看，其中表现最好的是 NN2 投资组合，其平均年化收益率为 181%，但年化波动率也高达 80%，表明其投资组合收益并不稳定。NN2 投资组合的夏普比率和确定性等价值分别为 2. 263 和 0. 21，对比表 3-2 中的结果，其表现强于市值加权市场组合和 CH-3 三因子组合，但差于 CSC-opt 投资组合。因此，在优化参数化投资组合的简单应用中，神经网络的实证表现并不算十分优秀。①

表 3-4 基于神经网络的最优参数化投资组合

	CSC-opt	NN1	NN2	NN3	NN4	NN5
avg$\mid w_i \mid \times 100$	1. 032	1. 948	0. 923	0. 959	0. 553	0. 31
max $w_i \times 100$	7. 074	47. 575	37. 703	38. 308	29. 519	33. 375
min $w_i \times 100$	−5. 929	−47. 413	−5. 951	−5. 971	−4. 138	−2. 019
$\sum w_i I(w_i < 0)$	−7. 813	−14. 784	−7. 056	−7. 366	−4. 023	−1. 987
$\sum I(w_i \leqslant 0) N_t$	0. 468	0. 418	0. 413	0. 43	0. 424	0. 507
Turnover	11. 858	30. 307	13. 86	14. 808	10. 342	6. 751
Mean	1. 821	2. 993	1. 81	1. 875	1. 111	0. 465
Std	0. 603	3. 538	0. 80	0. 861	0. 584	0. 471
Max 1M Loss	−0. 367	−2. 707	−0. 729	−0. 558	−9. 278	−0. 287
CE	0. 911	−28. 308	0. 21	0. 022	0. 259	−0. 09
Sharpe ratio	3. 019	0. 846	2. 263	2. 178	1. 903	0. 988
CH-4 alpha	0. 096	0. 24	0. 106	0. 101	0. 066	0. 032

---

① 这里我们并没有通过大量调整层结构和激活函数来优化神经网络的实证表现，不排除经过精细调参，神经网络模型能取得更优秀的实证表现。这也正反映出神经网络模型的效果对于模型设置和调参较为敏感的缺点。同时神经网络模型并不能回答到底哪些股票的特征变量对于优化投资组合最为重要，其缺乏清晰的可解释性对于注重因果识别的金融学研究来说一直是个难解的问题。

续表

	CSC-opt	NN1	NN2	NN3	NN4	NN5
test. CE	–	(7.31)	(3.13)	(3.55)	(3.41)	(4.52)
test. SR	–	(4.83)	(2.91)	(3.26)	(3.63)	(5.29)

　　为了进一步对比不同机器学习方法在个股投资权重层面的异同，表 3-5 显示了不同机器学习方法样本外配置的最优投资组合对应个股投资权重的横截面相关系数的时间序列平均值。首先，非参数组 LASSO 方法和其他基于变量选择的机器学习方法，如 LASSO、自适应 LASSO 和弹性网络的投资权重差别较大，其在个股层面权重的平均相关系数均小于 0.5。这与图 3-3 中显示出非参数组 LASSO 方法选出的特征变量明显多于其他三种变量选择法的发现一致。其次，PCA 方法与 RP-PCA 方法配置个股权重的相关性为 0.51，这也和图 3-3 中两种主成分方法在选出的主成分数量上有较大差别的结果一致。

表 3-5　各类机器学习方法的股票投资权重相关性

	CSC-opt	LASSO	Ad-LASSO	NpLASSO	Enet	PCA	RP-PCA
CSC-opt	1						
LASSO	0.78	1					
Ad-LASSO	0.72	0.90	1				
NpLASSO	0.53	0.47	0.48	1			
Enet	0.59	0.74	0.62	0.29	1		
PCA	0.69	0.45	0.46	0.47	0.27	1	
RP-PCA	0.73	0.58	0.57	0.43	0.40	0.51	1

总体而言，由于有效地聚合了公司特定特征的信息，CSC-opt 投资组合在夏普比率和确定性等价值方面优于其他广泛使用的投资组合选择方法。

（四）最优投资组合的组成

为了探索 Cochrane（2011）指出的相对重要因素，本节进一步研究了基于 CSC 方法构建的最优投资组合的股票构成。由于 CSC 方法对所有特征权重的优化结果进行平均，因此参数 θ 不仅反映了特征对投资组合权重的边际贡献，还反映了特征在所有模型中的平均重要性。图 3-4 显示了参数 θ 的时间序列平均值的绝对值。可知，对权重偏移量最重要的两个特征是预期外盈利（sue）与 Fama-French 三因子调整的异质性波动率（ivff），相应的 θ 绝对值均超过 3。而在表 3-1 的结果中，基于这两个特征优化的夏普比率也是最高的（1.779 和 1.450），反映出这两个特征对股票收益有很强的预测能力，即使在控制其他特征后这两个特征的预测能力仍然很强。其他强烈影响最优投资组合权重的特征包括总资产收益率（roa）、预期外税收费用（tes）、长期投资变动（dlti）、预期外收入（rs）、经营性现金流对市值比率（ocpq）、总资产市值比率（amq）、Amihud 流动性比率（ami）、固定资产与存货变动（dpia）等。另外，总资产增长率（ia）、前 11 个月累计收益（r11）等特征的对应系数接近于 0，说明它们与构建最优权重几乎无关。总体而言，交易摩擦类、盈利类和价值类的特征对组合权重的边际贡献最大。

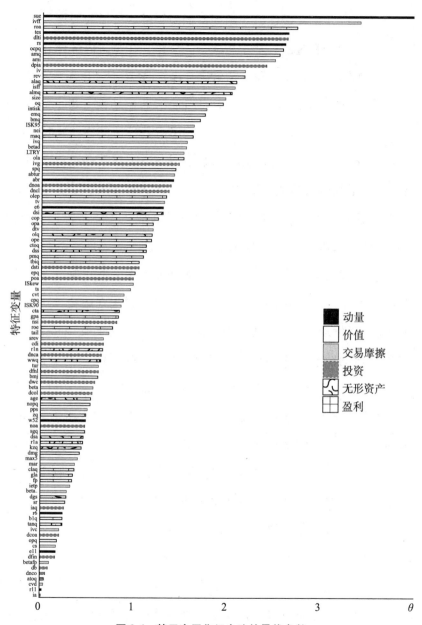

图 3-4　基于全子集组合法的最优参数

　　为了进一步研究最优组合超配或低配了哪些特征的股票，将每月的股票持仓按权重配置从小到大分为十组，在每组内部计算以下十个常见特征的平均值：盈利市值比（ep）、换手率（tur）、公司市值（size）、近 6 个月动量收益率（mom）、非流动性（illiq）、beta系数（beta）、上月最大收益率（max1）、异质性波动率（ivol）、收益反转（rev）以及异质性偏度（isff）。表 3-6 汇报了各组特征平均值的时序平均。可以看出，对于 ep、tur、illiq、beta、max1、ivol、rev、isff 这几个特征，每组的均值随权重的增加大致呈单调变化，反映出最优组合超配了高盈利市值比、低换手率、低流动性、低beta 系数、低上月最大收益率、低异质性波动率、低收益反转、低异质性偏度的股票，因为这些股票在未来能获得潜在收益。这与金融学文献所发现的价值与换手率效应（Liu, Stambaugh, and Yuan, 2019）、流动性异象（Amihud, 2002）、beta 异象（Frazzini and Pedersen, 2014）、彩票型异象（Bali, Cakici, and Whitelaw, 2011）、异质性波动率异象（Ang, et al., 2006）、反转异象（Jegadeesh and Titman, 1993）及偏度异象（Nartea, Kong, and Wu, 2017）的结论一致。有趣的是，表 3-6 显示最优投资组合中权重最大的股票同时具有上述特征，这说明 CSC 方法可以联合提取这些异常的信息。这也启示着后续在检验一个新的市场异象时应注重剥离相关变量的影响，区分风险溢价是来自该分组特征本身还是来自其他变量。相比之下，公司市值（size）和近 6 个月动量收益率（mom）与权重不相关，相应的 θ 接近于 0，这反映出难以使用与规模和动量相关的信息构造最优投资组合。

表 3-6　最优权重十分位数组合的特征变量平均值

weight_rank	ep	tur	size	mom	illiq	beta	max1	ivol	rev	isff
1	0.001	1.315	22.922	0.069	−0.312	1.287	0.074	0.026	0.058	0.780
2	0.010	1.158	22.864	0.066	−0.298	1.319	0.067	0.023	0.037	0.692
3	0.015	1.076	22.867	0.067	−0.286	1.266	0.061	0.021	0.023	0.598
4	0.020	1.015	22.860	0.064	−0.276	1.261	0.057	0.019	0.016	0.537
5	0.024	0.975	22.843	0.064	−0.268	1.241	0.054	0.018	0.008	0.463
6	0.029	0.947	22.844	0.063	−0.237	1.219	0.051	0.017	0.004	0.409
7	0.034	0.919	22.845	0.063	−0.220	1.155	0.048	0.016	−0.001	0.345
8	0.040	0.903	22.864	0.064	−0.210	1.201	0.046	0.015	−0.003	0.290
9	0.049	0.888	22.898	0.064	−0.196	1.169	0.044	0.014	−0.007	0.223
10	0.078	0.877	23.104	0.074	−0.224	1.145	0.041	0.013	−0.008	0.142

表 3-2 中，基于 CSC 方法的最优组合平均月度换手率为 11.858。换手率是否来自每月调仓时权重的极端变化？投资组合权重是否可持续？由于所有股票的特征不可能在短时间内发生较大变化，因此只要优化算法稳定，相邻月份之间的权重总体上应该是相似的。因此，本节将计算投资组合权重的转移矩阵。在第 t 月月初，将组合中的股票按照组合权重分成 10 等份，记录每只股票所属组的编号，重复上述操作。(i, j) 反映了第 t 月第 i 组股票在第 $t+1$ 月被分至第 j 组的概率。表 3-7 记录了该最优权重转移矩阵的时间序列平均值，结果表明，矩阵的每个对角线元素都大于 10%，这反映了第 t 月的任意一组股票

在第 $t+1$ 月仍然有很大概率保持在同一组。[①] 另外，对于当月投资组合中配置最多或配置不足的股票（第 1 组和第 10 组），下个月继续配置过度或配置不足的概率超过 50%。这些结果表明，CSC 方法的权重具有很强的持续性，权重不太可能在相邻月份之间发生极端变化。

表 3-7　最优权重转移矩阵的时间序列平均值

	Port1	Port2	Port3	Port4	Port5	Port6	Port7	Port8	Port9	Port10
Port1（%）	50.76	20.98	10.24	5.25	2.83	1.70	0.89	0.55	0.35	0.27
Port2（%）	18.46	24.16	19.47	12.59	8.44	5.03	3.08	1.39	0.73	0.48
Port3（%）	9.32	17.20	18.96	16.78	12.72	8.87	5.27	3.18	1.57	0.60
Port4（%）	5.30	11.35	14.84	17.13	15.88	12.54	8.67	5.21	2.65	0.96
Port5（%）	3.37	7.49	11.04	14.48	16.46	15.32	12.55	7.95	4.56	1.31
Port6（%）	1.89	5.08	8.06	10.85	14.30	16.58	16.35	12.46	7.09	2.40
Port7（%）	1.27	3.04	5.32	7.69	10.73	14.63	18.51	17.84	11.86	4.38
Port8（%）	0.76	2.05	3.19	5.16	7.22	11.12	15.68	20.90	20.58	8.73
Port9（%）	0.41	0.97	1.78	3.02	4.18	6.76	10.63	18.74	28.69	20.66
Port10（%）	0.24	0.46	0.89	1.20	1.66	2.79	4.43	8.32	18.98	57.14

注：Port 表示组，表 3-8 同。

投资组合权重的持久性也反映在长期利润中。本节主要采用月度再平衡策略，每个月调整权重，那么如果降低调仓频率，是否还能获得超额收益？按照 Atilgan 等（2020）的方法，对于每个十分位投资组合，分别持有 2~12 个月以检验累积收益是否仍然显著。相

[①]　如果最优权重服从随机均匀分布，则下个月股票分属于任意组的概率都应是 10%。

应的结果如表 3-8 所示，其中第 1 组～第 10 组代表权重从小到大排序的十分位组合。面板 A 展示了超额收益（无风险利率为一年存款利率），面板 B 展示了用 Liu-Stambaugh-Yuan 四因子模型调整后的收益（即 alpha）。平均来看，超配个股（第 7 组～第 10 组）的投资组合在未来 2～12 个月内可以继续获得正收益，相应的累积收益将继续增加。此外，第 10 组和第 1 组之间的收益差异始终高度显著，超额收益从 2.505%增加到 7.571%，alpha 从 1.315%增加到 5.891%，这反映了超配组合与低配组合之间的收益差异在未来 12 个月内并没有消失。

综上所述，CSC 方法的优越性能来自对能够有效解释预期收益的多种特征的总结，并且能够稳健地获得 Liu-Stambaugh-Yuan 四因子模型无法解释的超额收益。

（五）有限套利与投资者情绪

下面考虑有限套利和投资者情绪对 CSC 方法表现的影响。前文假设了参数向量 $\theta = (\theta_1, \cdots, \theta_k)$ 不随时间变化。然而，特征与股票收益之间的关系可能是随时间变化的，为了捕捉随时间变化的关系，此处设市场状态变量为 z_t，并将投资组合权重建模为

$$w_{j,t} = w_{j,t}^b + \frac{1}{N_t} \theta^\mathsf{T} (z_t \otimes c_{j,t}) \tag{3-47}$$

其中，$\otimes$ 表示克罗内克积，$\theta^\mathsf{T} z_t$ 描述了时变的权重参数。

表 3-8 最优权重分位数组合的长期累积收益

面板 A：超额收益（%）

	Port1	Port2	Port3	Port4	Port5	Port6	Port7	Port8	Port9	Port10	High-low
$t+2$	-1.146	-0.527	0.113	0.209	0.978	1.268	1.467	1.349	2.017	1.359	2.505
	(-1.06)	(-0.50)	(0.11)	(0.21)	(0.99)	(1.26)	(1.53)	(1.40)	(2.10)	(1.70)	(3.66)
$t+3$	-1.490	-0.325	0.066	0.455	1.360	1.858	2.080	1.963	2.648	1.880	3.370
	(-1.12)	(-0.25)	(0.05)	(0.37)	(1.08)	(1.50)	(1.75)	(1.63)	(2.17)	(1.90)	(4.21)
$t+4$	-1.769	-0.124	0.063	0.561	1.655	2.288	2.591	2.565	3.256	2.297	4.065
	(-1.20)	(-0.08)	(0.04)	(0.40)	(1.17)	(1.61)	(1.85)	(1.82)	(2.32)	(2.00)	(4.64)
$t+5$	-1.975	-0.162	0.290	0.960	2.070	2.691	3.295	3.478	3.891	2.912	4.887
	(-1.23)	(-0.10)	(0.19)	(0.61)	(1.31)	(1.72)	(2.10)	(2.12)	(2.37)	(2.18)	(5.26)
$t+6$	-2.014	0.164	0.699	1.629	2.675	3.070	3.818	4.264	4.890	3.459	5.473
	(-1.14)	(0.09)	(0.42)	(0.94)	(1.53)	(1.78)	(2.24)	(2.39)	(2.72)	(2.26)	(5.63)
$t+7$	-1.743	0.530	0.895	1.848	3.130	3.608	4.594	5.006	5.525	4.061	5.804
	(-0.91)	(0.28)	(0.50)	(1.00)	(1.69)	(1.91)	(2.50)	(2.64)	(2.89)	(2.38)	(5.69)
$t+8$	-1.350	0.767	1.236	2.095	3.471	3.848	5.301	5.484	6.207	4.404	5.755
	(-0.65)	(0.37)	(0.62)	(1.06)	(1.78)	(1.91)	(2.63)	(2.73)	(2.98)	(2.37)	(5.18)

续表

	Port1	Port2	Port3	Port4	Port5	Port6	Port7	Port8	Port9	Port10	High-low
面板 A：超额收益（%）											
t+9	−1.376	1.071	1.480	2.418	4.170	4.156	5.631	6.164	6.954	4.703	6.079
	(−0.62)	(0.49)	(0.69)	(1.12)	(1.94)	(1.94)	(2.54)	(2.82)	(3.10)	(2.38)	(5.06)
t+10	−1.659	0.936	1.868	2.479	4.245	4.651	6.115	6.380	7.616	4.944	6.603
	(−0.71)	(0.42)	(0.82)	(1.07)	(1.88)	(1.99)	(2.57)	(2.79)	(3.21)	(2.39)	(5.10)
t+11	−1.800	1.237	1.639	2.417	4.725	4.909	6.247	7.019	7.936	5.190	6.990
	(−0.73)	(0.52)	(0.69)	(0.99)	(1.91)	(1.99)	(2.51)	(2.79)	(3.22)	(2.40)	(4.88)
t+12	−2.027	1.124	1.590	2.658	5.165	5.050	6.668	7.334	8.508	5.544	7.571
	(−0.81)	(0.46)	(0.64)	(1.02)	(1.95)	(1.93)	(2.53)	(2.73)	(3.24)	(2.48)	(4.97)
面板 B：风险调整收益（%）											
t+2	−0.050	0.323	0.734	0.753	1.518	1.556	1.716	1.604	1.864	1.265	1.315
	(−0.06)	(0.40)	(0.94)	(0.98)	(1.99)	(1.95)	(2.40)	(2.20)	(2.45)	(1.94)	(2.08)
t+3	−0.217	0.883	1.048	1.428	2.233	2.628	2.830	2.765	3.195	2.394	2.611
	(−0.17)	(0.71)	(0.88)	(1.24)	(1.86)	(2.22)	(2.55)	(2.43)	(2.70)	(2.52)	(3.10)

续表

面板 B：风险调整收益（%）

	Port1	Port2	Port3	Port4	Port5	Port6	Port7	Port8	Port9	Port10	High-low
t+4	-0.763	0.780	0.748	1.036	2.319	2.861	2.959	3.063	3.369	2.562	3.326
	(-0.49)	(0.49)	(0.49)	(0.71)	(1.55)	(1.92)	(2.05)	(2.09)	(2.29)	(2.19)	(3.45)
t+5	-1.111	0.425	0.684	1.214	2.557	3.156	3.516	3.733	3.563	3.061	4.172
	(-0.65)	(0.25)	(0.43)	(0.74)	(1.52)	(1.92)	(2.10)	(2.17)	(2.05)	(2.24)	(4.00)
t+6	-0.966	0.986	1.242	2.097	3.258	3.556	4.034	4.761	4.429	3.720	4.687
	(-0.52)	(0.54)	(0.72)	(1.18)	(1.79)	(2.00)	(2.26)	(2.55)	(2.35)	(2.34)	(4.22)
t+7	-0.411	1.435	1.557	2.186	3.805	4.188	4.889	5.478	5.229	4.502	4.913
	(-0.20)	(0.71)	(0.82)	(1.11)	(1.92)	(2.11)	(2.49)	(2.74)	(2.56)	(2.48)	(4.27)
t+8	-0.466	1.376	1.628	2.162	3.852	4.144	5.249	5.650	5.650	4.807	5.273
	(-0.20)	(0.61)	(0.75)	(1.00)	(1.79)	(1.88)	(2.38)	(2.57)	(2.46)	(2.34)	(4.21)
t+9	0.240	2.294	2.459	3.085	5.156	5.082	6.216	6.999	6.919	5.393	5.153
	(0.10)	(0.96)	(1.05)	(1.29)	(2.16)	(2.16)	(2.55)	(2.91)	(2.78)	(2.44)	(3.84)
t+10	-0.275	2.388	2.863	3.348	5.342	5.554	6.505	7.028	7.226	5.121	5.396
	(-0.10)	(0.94)	(1.11)	(1.26)	(2.07)	(2.09)	(2.40)	(2.70)	(2.65)	(2.14)	(3.73)

续表

面板 B：风险调整收益（%）

	Port1	Port2	Port3	Port4	Port5	Port6	Port7	Port8	Port9	Port10	High-low
$t+11$	1.006	3.877	3.952	4.191	6.878	6.83	7.933	8.918	9.024	6.512	5.506
	(0.36)	(1.45)	(1.49)	(1.51)	(2.45)	(2.44)	(2.82)	(3.12)	(3.21)	(2.62)	(3.38)
$t+12$	0.821	3.855	3.904	4.141	7.219	6.787	8.125	9.140	9.301	6.712	5.891
	(0.29)	(1.38)	(1.38)	(1.38)	(2.37)	(2.26)	(2.69)	(2.96)	(3.06)	(2.57)	(3.36)

在套利和投资者情绪高涨期间，股票市场的错误定价和异常现象会更加强烈（De Long, et al., 1990；Baker and Wurgler, 2006）。按照Pontiff（2006）及易志高和茅宁（2009）的做法，本节使用异质波动率和A股投资者情绪综合指数（CICSI）作为套利风险和投资者情绪指标。此处利用式（3-47）构建时变特征，并根据年度中位数将样本外时段分为高低状态。表3-9说明，CSC方法可以在高限套利和高投资者情绪两个状态下获得显著的Liu-Stambaugh-Yuan四因子模型风险调整后的收益，分别为每月0.121%和0.114%，而相比之下，在低限套利和低投资者情绪的状态下，风险调整后的收益率较低，分别为每月0.080%和0.067%。

表3-9   有限套利与投资者情绪

	有限套利		投资者情绪	
	高	低	高	低
α	0.121***	0.080***	0.114***	0.067***
	(6.87)	(5.90)	(7.22)	(5.59)
MKT	1.817***	0.731***	1.926***	1.100***
	(9.23)	(4.28)	(6.29)	(4.63)
SMB	0.992	0.206	0.711	1.126**
	(1.39)	(0.35)	(0.63)	(2.10)
VMG	4.119***	4.068***	3.567***	4.334***
	(4.92)	(6.88)	(3.34)	(9.05)
PMO	1.553***	1.844***	2.678***	1.285***
	(3.80)	(3.70)	(4.43)	(2.99)
R^2	0.535	0.682	0.527	0.582

（六） CRRA 效用函数

本节进一步使用其他非均值方差效用函数来构建投资组合，如 CRRA 效用函数。对于非均值方差效用函数，虽然很难推导出其解析解，但如果函数 $u(r_{p,t+1})$ 是连续可导的，就可以利用 GMM 求解最优参数 θ^*，相应的 GMM 矩条件为

$$E\left[u'(r_{p,t+1})r_{c,t+1}^k\right]=0, \quad \forall k=1,\cdots,K \tag{3-48}$$

如果 $u(r_{p,t+1})$ 不可导，则需要通过插值或者数值计算寻找最优的 θ^*。由此可见，相比于最初的马科维茨均值方差模型，参数化投资组合可以适用于更广义的效用函数，考虑投资者更多的特征。

表 3-10 报告了在风险厌恶系数为 5 的 CRRA 效用下最优组合的样本外表现。由于在 CRRA 效用函数的设置下，最优参数没有解析解，难以使用变量选择方法，因此表 3-10 仅报告了 CSC-opt、CH-4、PCA、RP-PCA 的结果。发现基于 CSC 方法构建的最优投资组合权重分布并不极端，权重绝对值的平均值仅 0.966%，负权重之和为 -712.6%，月均换手率约为 11.156 次。该组合很好地平衡了风险和收益，年化夏普比率为 2.897，确定性等价值为 60%，明显优于其他方法。

总体而言，在 CRRA 效用函数下，CSC 方法能够很好地控制投资组合的风险，优于其他方法。对投资者效用函数进行灵活设置后，CSC 方法可用于更多潜在场景，例如智能投资顾问等。

表 3-10　基于 CRRA 效用函数的最优组合

	CSC-opt	CH-4	PCA	RP-PCA
avg $\lvert w_i \rvert \times 100$	0.966	0.660	0.807	0.432
max $w_i \times 100$	7.250	9.846	6.817	6.835
min $w_i \times 100$	−5.631	−4.847	−3.951	−1.991
$\sum w_i I(w_i < 0)$	−7.126	−4.693	−5.980	−2.963
$\sum I(w_i \leqslant 0) N_t$	0.463	0.474	0.452	0.446
Turnover	11.156	7.481	12.061	5.957
Mean	1.687	0.940	1.519	0.826
Std	0.582	0.605	0.621	0.349
Max 1M Loss	−0.492	−0.497	−0.365	−0.132
CE	0.600	−0.215	0.488	0.586
Sharpe ratio	2.897	1.555	2.448	2.362
CH-4 alpha	0.087	0.022	0.068	0.044
test. CE	—	(3.92)	(2.17)	(2.02)
test. SR	—	(4.11)	(2.17)	(1.89)

（七）基于全子集组合法的因子模型

基于随机贴现因子与最优投资组合问题的等价性，本节进一步利用最优权重构造定价因子 OptW。具体来说，将每个月经 CSC 方法优化的仓位权重作为对应个股的特征，仿照 Fama 和 French（1993）及 Liu, Stambaugh 和 Yuan（2019）的方法，在每个月月底将股票按照市值的中位数分为两组，同时股票根据最优投资组合权重的 30% 和 70% 分位数分为三组，最终得到六个投资组合。并将 OptW 因子定义为两个低权重投资组合的平均收益和两个高权重投资组合的平均收益之差。

下面检验 OptW 因子在中国 A 股市场是否可以有超越其他多因子模型的定价能力。表 3-11 将 OptW 因子与文献中提出的其他定价因子进行了比较，包括：Fama-French 六 因 子 模 型（FF6；Fama and French，2018）中的市场因子 MKT、规模因子 SMB、价值因子 HML、盈利因子 RMW、投资因子 CMA 以及动量因子 UMD；Hou-Xue-Zhang Q5 因子模型（Q-5；Hou, et al., 2019）中的规模因子 R_{me}、盈利因子 R_{roe}、投资因子 $R_{I/A}$、预期投资增长因子 R_{eg}；Liu-Stambaugh-Yuan 四因子模型（CH-4）中的价值因子 VMG、换手率因子 PMO；Wu-Chen-Zhu 四因子模型（Chen, Shen, and Liu, 2021）中的偏度因子 ASYM。表 3-11 中面板 A 报告了这些因子的平均收益率、标准差和年化夏普比率，样本期为 2005 年 1 月—2020 年 12 月。表 3-11 显示，除 MKT 和 SMB 外，Fama-French 六因子模型中其他因子的平均收益率均不显著。HML、RMW、CMA 和 UMD 的平均收益率分别为 0.01%（$t=0.03$）、-0.07%（$t=-0.19$）、-0.11%（$t=-0.51$）和-0.12%（$t=-0.30$）。在美国市场具有较强解释力的 Q5 因子模型在中国 A 股市场并没有表现出较高的风险溢价。$R_{I/A}$ 和 R_{eg} 的平均收益率分别约为每月 -0.05%（$t=-0.26$）和 0.02%（$t=0.08$）。相比之下，VMG、PMO、

ASYM 的风险溢价非常显著，平均收益率分别为 1.00%（$t=3.54$）、0.74%（$t=2.66$）和 0.43%（$t=2.77$）。最后，就 CSC 方法构建的最优投资组合而言，OptW 因子每月可产生 1.49%（$t=7.60$）的风险溢价，是所有因子中最高的，年化夏普比率为 1.90。面板 B 报告了这些因子的相关矩阵。总体而言，OptW 与其他因素的相关性不高，这反映出 OptW 提供了独特的定价信息，无法用已被文献记载的定价因子解释。

Barillas 和 Shanken（2018）指出，在比较多因素模型时，更应该关注模型能够产生的最大夏普比率，夏普比率越高，定价因子越有可能达到理论上的均值-方差有效边界，对应模型的定价能力越强。本节将 OptW 因子分别添加到 Liu, Stambaugh 和 Yuan（2019）的 CH-3 因子模型和 CH-4 因子模型中。表 3-11 中的面板 C 显示了每个模型的最大夏普比率。当用 OptW 因子扩充 Liu, Stambaugh 和 Yuan（2019）的三因子模型和四因子模型时，模型的最大夏普比率分别增加到 2.69 和 2.71，这证明 OptW 因子可以有效改善多因素模型的定价能力。

为了进一步说明 OptW 因子的风险溢价不能用其他因子来解释，使用 Hou 等（2019）的张成检验方法，在不同的多因子模型上对 OptW 因子进行回归并检验定价误差是否显著。表 3-12 第 1~4 列分别对应 FF6 模型、Q5 模型、CH-4 模型和 CH-3+ASYM 模型。所有 alpha 都在 1% 显著性水平上显著为正，表明这些模型无法解释 OptW 的风险溢价。

表 3-11　主流定价因子的描述性统计、相关性矩阵与最大夏普比率

面板 A：描述性统计

	MKT	SMB	HML	RMW	CMA	UMD	R_{me}	$R_{I/A}$	R_{roe}	R_{eg}	VMG	PMO	ASYM	OptW
Mean（%）	1.21	0.77	0.01	−0.07	−0.11	−0.12	0.42	−0.05	0.91	0.02	1.00	0.74	0.43	1.49
Std. Dev（%）	8.80	4.48	3.67	4.70	3.07	5.50	3.29	2.56	3.43	3.73	3.89	3.84	2.14	2.72
Sharpe ratio	0.47	0.60	0.01	−0.05	−0.13	−0.08	0.44	−0.07	0.92	0.02	0.89	0.67	0.69	1.90
t-value	1.90	2.39	0.03	−0.19	−0.51	−0.30	1.78	−0.26	3.68	0.08	3.54	2.66	2.77	7.60

面板 B：相关性矩阵

	MKT	SMB	HML	RMW	CMA	UMD	R_{me}	$R_{I/A}$	VMG	PMO	ASYM	OptW
MKT	1.00											
SMB	0.24	1.00										
HML	0.08	−0.27	1.00									
RMW	−0.39	−0.88	0.13	1.00								
CMA	0.06	0.50	0.41	−0.56	1.00							
UMD	−0.06	−0.35	−0.16	0.40	−0.31	1.00						
R_{me}	0.27	0.83	−0.47	−0.76	0.25	−0.16	1.00					
$R_{I/A}$	−0.08	0.01	0.57	−0.08	0.70	−0.05	−0.17	1.00				

续表

面板 B：相关性矩阵

R_{roe}	−0.30	−0.57	−0.11	0.72	−0.39	0.48	−0.37	0.07	1.00					
R_{eg}	0.02	−0.30	0.88	0.18	0.41	−0.10	−0.50	0.60	0.00	1.00				
VMG	−0.43	−0.65	0.29	0.77	−0.22	0.14	−0.63	0.18	0.73	0.35	1.00			
PMO	−0.27	0.09	−0.25	0.03	0.01	−0.13	0.04	−0.02	0.07	−0.18	0.05	1.00		
ASYM	−0.05	0.38	−0.41	−0.27	−0.04	0.05	0.42	−0.26	−0.08	−0.40	−0.27	0.13	1.00	
OptW	−0.33	−0.45	0.31	0.54	−0.11	0.19	−0.45	0.18	0.47	0.34	0.62	0.16	0.09	1.00

面板 C：最大夏普比率

	FF6	Q5	CH-3	CH-4	CH-3+Asym	CH-3+OptW	CH-4+OptW
Max Sharpe	1.53	1.53	1.77	1.87	1.97	2.69	2.71

表 3-12 OptW 因子的张成检验

	(1) FF6	(2) Q5	(3) CH-4	(4) CH-3+ASYM
α	1.478 ***	1.326 ***	1.152 ***	1.028 ***
	(8.99)	(9.47)	(6.95)	(6.68)
MKT	−0.049 **	−0.064 ***	−0.000	−0.006
	(−2.33)	(−3.07)	(−0.46)	(−0.23)
SMB	0.135		−0.102 **	−0.131 ***
	(1.22)		(−2.35)	(−3.37)
HML	0.219 **			
	(2.31)			
RMW	0.359 ***			
	(3.67)			
CMA	0.026			
	(0.25)			
UMD	0.034			
	(0.83)			
R_{me}		−0.084		
		(−1.19)		
$R_{I/A}$		−0.093		
		(−1.14)		
R_{roe}		0.296 ***		
		(4.06)		
R_{eg}		0.255 ***		
		(4.22)		
VMG			0.338 ***	0.398 ***
			(4.39)	(6.34)
PMO			0.104 *	
			(1.82)	
ASYM				0.407 ***
				(5.33)
R^2	0.365 2	0.374 5	0.410 5	0.481 9

最大夏普比率与张成检验都是 Fama 和 French（2018）总结的对定价模型检验的"右侧方法"，即评判新定价因子对现有模型的贡献；接下来采用"左侧方法"检验 OptW 因子对市场异象的解释力。逐月计算由 107 个特征构建的十分位数多空组合的收益，发现 23 个异象在中国 A 股市场显著。[1] 再依次将每一个异象收益回归于不同的模型，观察定价错误 α 的显著性。表 3-13 记录了以上 23 个市场异象用 FF6 模型、Q5 模型、CH-4 模型、CH-3+ASYM 模型、CH-3+OptW 模型、CH-4+OptW 模型回归后，5% 水平下依然显著的 α 的数量、α 绝对值的平均值、t 统计量绝对值的平均值以及用于因子模型时序检验的 GRS 检验统计量[2]（Gibbons，Ross，and Shanken，1989）。由表可知 FF6 模型在 A 股市场表现不佳，只能解释 23 个显著异象中的 7 个；CH-4 和 Q5 模型表现较好，可以解释 12 个异象；CH-3+ASYM 模型可以显著提升 CH-3 模型的定价能力。相比之下，CH-3+OptW 和 CH-4+OptW 优于前面这些模型，可以解释 20 个异象，并具有较低的平均 $|t|$ 和 GRS 统计量，这说明 OptW 因子在解释横截面预期收益时可以提供独特的定价信息。

---

[1] 第三章附录中的附表 3-2 记录了这 23 个异象的平均收益率、标准差、t 统计量、偏度和峰度。

[2] GRS 检验，即 Gibbons-Ross-Shanken 检验，是 Gibbons，Ross 和 Shanken（1989）提出的一种在时间序列上检验因子模型是否能联合解释一组待测试资产的统计检验方法。其原假设是经过因子模型调整后的测试资产的超常收益率 α 均联合为零，拒绝原假设意味着该因子模型无法解释待测试资产。

表 3-13　多因子模型的异象解释力比较

	FF6	Q5	CH-4	CH-3+ASYM	CH-3+OptW	CH-4+OptW
可解释异象个数	7	12	12	18	20	20
平均 $\lvert \alpha \rvert$	0.938%	0.504%	0.663%	0.448%	0.495%	0.480%
平均 $\lvert t \rvert$	3.273	1.669	1.910	1.287	1.263	1.251
GRS 统计量	2.758	2.125	1.861	1.538	1.006	1.014

3.8　小　结

　　本章中，我们探讨了常用的机器学习方法在提高参数化投资组合策略效果中的应用和在 A 股市场的实证效果。基于降维的机器学习方法在均值方差效用函数下可以直接用于优化参数化投资组合，并且也具有较好的实证效果。但更具有一般性的效用函数，例如 CRRA 效用函数，则难以直接适用。我们提出了一种基于模型平均思想的全子集组合法来优化参数化投资组合，并使用中国 A 股上市公司股票特征变量的高维数据集验证了该方法的样本外实证表现。全子集组合法在样本外夏普比率和确定性等价值等衡量投资组合表现的指标上优于常用的机器学习方法，并且该方法广泛适用于具有显性表达式的效用函数。实证中，在 CRRA 效用函数下该全子集组合法的表现仍然稳健。我们还发现交易摩擦、利润和价值类的公司特征变量对最优投资组合权重的贡献最大。

　　根据随机贴现因子和最优投资组合问题之间的等价关系，我们基于最优权重构建了 OptW 定价因子。实证结果显示，OptW 因子相较于众所周知的多因子模型，如 Fama-French 六因子模型、Q5 因子模型以及 CH-4 因子模型，具有更强的定价解释能力。此外，当我们在 CH-3 因子模型中加入 OptW 因子后，新的四因子模型可以解释中国 A 股市场中 23 个最显著异象中的 20 个，优于其他现有的主流因子定价模型。

第三章 附录

附表 3-1　中国 A 股市场股票特征变量描述

	特征变量	含义	构建方法	类别
1	abr	盈利发布日累计异常收益率	季度 盈利发布日前后 3 个交易日，收益率与市场收益率之差的加总	动量
2	abtur	异常换手率	月度 过去 20 天的平均每日换手率/过去 250 天的平均每日换手率 换手率=交易股份数/经拆股调整后的总股本	交易摩擦
3	age	公司年龄	月度 距离公司首次上市日的月份数	无形资产
4	alaq	流动性资产占总资产比率	季度 流动性资产/上一期总资产 流动性资产=(现金+短期投资)+0.75×其他流动资产+0.5×有形固定资产	无形资产
5	almq	流动性资产占总资产市值比率	季度 流动性资产/上一期总资产市值 流动性资产计算同上 总资产市值=总资产+公司市值−股东权益	无形资产

续表

特征变量		含义	构建方法		类别
6	ami	Amihud 流动性比率	月度	1 000 000×月收益率均值/月交易量均值	交易摩擦
7	amq	总资产市值比率	季度	总资产/公司市值	价值
8	atoq	净资产周转率	季度	主营业务收入/上一期净经营资产 净经营资产=经营资产−经营负债	盈利
9	beta	beta 值	月度	用过去 5 年（60 个月）的个股和市场月度收益率计算的 CAPM Beta 值	交易摩擦
10	beta_	下行 beta 值	月度	用前 1 年市场收益率低于月度均值的日数据估计的 beta 值	交易摩擦
11	betad	Dimson beta 值	月度	参照 Dimson（1979）	交易摩擦
12	betafp	Frazzini-Pedersen beta 值	月度	参照 Frazzini 和 Pedersen（2014）	交易摩擦
13	blq	杠杆比率	季度	总资产/股东权益	盈利
14	bmj	账面市值比率（根据 6 月底市值测算）	年度	股东权益/次年 6 月公司市值	价值
15	bmq	账面市值比率	季度	股东权益/当月公司市值	价值
16	cdi	复合债务增长率	年度	累计 5 年的年末复合债务（短期借款+长期借款）的对数增长率	投资
17	claq	以现金计量的年度总资产利润率	季度	以现金计量的年度营业利润/上一期总资产	盈利

续表

	特征变量	含义		构建方法	类别
18	cop	以现金计量的年度总资产利润率	年度	以现金计量的营业利润/总资产；以现金计量的营业利润=营业收入－营业成本－应收账款变化－存货变化－预付费用变化+应付账款变化+应计费用变化	盈利
19	cpq	市现率	季度	现金与现金等价物/公司市值	价值
20	cs	协偏度	月度	参照 Harvey 和 Siddique (2000)	交易摩擦
21	cta	现金对总资产比率	年度	现金与短期投资/总资产	无形资产
22	ctoq	资本周转率	季度	主营业务收入/总资产	盈利
23	cvd	交易量变异系数	月度	近6个月日交易量的标准差/均值	交易摩擦
24	cvt	换手率变异系数	月度	近6个月日换手率的标准差/均值	交易摩擦
25	db	股东权益变动	年度	股东权益变化/总资产	投资
26	dcoa	经营性流动资产变动	年度	经营性流动资产变化/总资产；经营性流动资产=流动资产－现金与短期投资	投资
27	dcol	经营性流动负债变动	年度	经营性流动负债变化/总资产；经营性流动负债=流动负债－短期借款	投资
28	dfin	净金融资产变动	年度	净金融资产变化/总资产；净金融资产=（长期投资+短期投资）－（长期负债+短期借款+优先股）	投资

续表

特征变量		含义	构建方法	类别
29	dfnl	净金融负债变动	年度	净金融负债变化/总资产 净金融负债=长期负债+短期借款+优先股	投资
30	dgs	毛利增长与销售收入增长之差		毛利增长-主营业务收入增长	无形资产
31	dlti	长期投资变动	年度	长期投资变化/总资产	投资
32	dmq	总负债市值比率	季度	总负债/公司市值	价值
33	dnca	经营性非流动资产变动	年度	经营性非流动资产变化/总资产 经营性非流动资产=非流动资产-长期投资	投资
34	dncl	经营性非流动负债变动	年度	经营性非流动负债变化/总资产 经营性非流动负债=非流动负债-长期负债	投资
35	dnco	经营性非流动净资产变动	年度	经营性非流动净资产变化/总资产 经营性非流动净资产=（非流动资产-长期投资）-（非流动负债-长期负债）	投资
36	dnoa	净营运资产变动	年度	净营运资产变化/总资产 净营运资产=（总资产-现金与短期投资）-（总资产-长期投资-短期借款-少数股东权益-股东权益）	投资
37	dpia	固定资产与存货变动	年度	（存货变动+固定资产变动）/总资产	投资

续表

序号	特征变量	含义	频率	构建方法	类别
38	dsa	销售收入增长与应收款增长之差	年度	主营业务收入增长-应收账款增长	无形资产
39	dsi	销售收入增长与存货增长之差	年度	主营业务收入增长-存货增长	无形资产
40	dss	营业收入增长与营业费用增长之差	年度	主营业务收入增长-营业费用增长	无形资产
41	dsti	短期投资变动	年度	短期投资变化/总资产	投资
42	dtv	交易量	月度	月交易量均值	交易摩擦
43	dwc	经营性营运资本变动	年度	营运资本变化/总资产；营运资本=经营性流动资产-经营性流动负债	投资
44	e6	6个月的残差动量	月度	参照Hou, Xue和Zhang (2020)	动量
45	e11	11个月的残差动量	月度	参照Hou, Xue和Zhang (2020)	动量
46	emq	企业倍数	季度	企业价值/营业利润；企业价值=市值+负债总额+优先股账面价值-现金与短期投资	价值
47	epq	市盈率	季度	(营业利润-所得税)/公司市值	价值
48	fp	破产概率	年度	参照Campbell, Hilscher和Szilagyi (2008)	盈利
49	gla	毛利对总资产比率	年度	毛利/上一期总资产	盈利

续表

	特征变量	含义		构建方法	类别
50	gpa	毛利对总资产比率	年度	毛利/总资产	盈利
51	ia	总资产增长率	年度	(总资产-上一期总资产)/上一期总资产	投资
52	iaq	总资产增长率	季度	(总资产-上一期总资产)/上一期总资产	投资
53	ietp	异质性超额尾部概率	月度	参照 Chen, Wu 和 Zhu (2022)	交易摩擦
54	intisk	分位数偏度	月度	参照 Ghysels, Plazzi 和 Valkanov (2016)	交易摩擦
55	isff	Fama-French 三因子调整的异质性偏度	月度	参照 Hou, Xue 和 Zhang (2020)	交易摩擦
56	isk90	90%分位数偏度	月度	参照 Ghysels, Plazzi 和 Valkanov (2016)	交易摩擦
57	isk95	95%分位数偏度	月度	参照 Ghysels, Plazzi 和 Valkanov (2016)	交易摩擦
58	iskew	异质性偏度	月度	参照 Harvey 和 Siddique (2000)	交易摩擦
59	iv	年度异质性波动率	月度	$t-1$ 年 7 月到 t 年 6 月的日收益率回归于市场收益的残差标准差	交易摩擦
60	ivc	CAPM 调整的异质性波动率	月度	上月日收益率回归于 CAPM 模型的残差标准差	交易摩擦
61	ivff	Fama-French 三因子调整的异质性波动率	月度	上月日收益率回归于 Fama-French 三因子模型的残差标准差	交易摩擦
62	ivg	存货增长率	年度	(存货-上一期存货)/上一期存货	投资

续表

	特征变量	含义		构建方法	类别
63	ivq	HXZ-q因子调整的异质性波动率	月度	上月日收益率回归于Fama-French三因子模型的残差标准差	交易摩擦
64	kzq	Kaplan-Zingales指数	季度	参照Lamont, Polk和Saaá-Requejo(2001)	无形资产
65	ltry	综合彩票型指数	月度	参照Kumar, Page和Spalt(2016)	交易摩擦
66	max5	最高5日收益	月度	上月最高的5天日度收益率平均	交易摩擦
67	mdr	最高日度收益	月度	上月最高日度收益	交易摩擦
68	nei	出现连续盈利增长的季度数	季度	上月日收益率回归于HXZ-q因子的残差标准差	动量
69	noa	净营运资产	年度	净经营资产/上一期总资产	投资
70	nopq	净股利支付率	季度	净股利支付=总股利支付-吸收权益性投资收到的现金	价值
71	nsi	净股票发行	年度	log(当年总股份数/上一年度总股份数)	投资
72	ocpq	经营性现金流对市值比率	季度	经营性现金流/总市值	价值
73	ola	营业利润对总资产比率	年度	营业利润/上一期总资产	盈利
74	opa	营业利润对总资产比率	年度	营业利润/总资产	盈利
75	oleq	营业利润对权益比率	季度	营业利润/上一期股东权益	盈利
76	ope	营业利润对权益比率	年度	营业利润/股东权益	盈利

续表

	特征变量	含义	构建方法	类别
77	olq	经营杠杆	（营业成本+销售费用+管理费用）/总资产	季度	无形资产
78	opq	股利支付率	总股利支付/公司市值	季度	价值
79	oq	Ohlson 分数	参照 Ohlson（1980）	季度	盈利
80	pmq	销售利润率	摊销后营业利润/上一期营业收入	季度	盈利
81	poa	应计营业利润百分比	应计利润/上一年净利润绝对值	年度	投资
82	pps	收盘价	上月收盘价	月度	交易摩擦
83	r6	前 6 个月累计收益	第 $t-7$ 月至 $t-2$ 月累计收益	月度	动量
84	r11	前 11 个月累计收益	第 $t-12$ 月至 $t-2$ 月累计收益	月度	动量
85	r1a	12 个月前收益	第 $t-12$ 月收益	月度	无形资产
86	r1n	前 11 个月平均收益	第 $t-12$ 月至 $t-2$ 月平均收益	月度	无形资产
87	rev	收益反转	第 $t-60$ 月至 $t-13$ 月累计收益	月度	价值
88	rnaq	营业利润对净经营资产比率	摊销后营业利润/上一期净经营资产	季度	盈利
89	roa	总资产收益率	净利润/总资产	季度	盈利
90	roe	净资产收益率	净利润/股东权益	季度	盈利
91	rs	预期外收入	参照 Hou，Xue 和 Zhang（2020）	季度	动量

续表

	特征变量	含义	构建方法		类别
92	sgq	销售增长率	（营业收入-上一期营业收入）／上一期营业收入	季度	价值
93	size	市值（当月）	上个月公司市值	月度	交易摩擦
94	spq	市销率	销售收入/公司市值	季度	价值
95	sr	前 5 年销售增长率平均排序	参照 Hou, Xue 和 Zhang（2020）	年度	价值
96	srev	短期反转	上个月收益率	月度	价值
97	sue	预期外盈利	参照 Hou, Xue 和 Zhang（2020）	季度	动量
98	tail	尾部风险	参照 Hou, Xue 和 Zhang（2020）	月度	交易摩擦
99	tanq	有形资产	（现金+0.715×应收账款+0.547×存货+0.535×固定资产）／总资产	季度	无形资产
100	tbiq	纳税比例	利润总额/净利润	季度	盈利
101	tes	预期外税收费用	参照 Hou, Xue 和 Zhang（2020）	季度	动量
102	ts	总偏度	上个月日度收益率偏度	月度	交易摩擦
103	tur	换手率	前 6 个月日度换手率平均值	月度	交易摩擦
104	tv	总波动率	上个月日度收益波动率	月度	交易摩擦
105	w52	前一年最高价格	上月收盘价/前一年最高价格	月度	动量
106	wwq	Whited-Wu 指数	参照 Hou, Xue 和 Zhang（2020）	季度	动量
107	zq	Z得分	参照 Hou, Xue 和 Zhang（2020）	季度	盈利

附表 3-2   23 个显著异象的描述性统计

序号	异象名	均值（%）	标准差（%）	t 值	偏度	峰度
1	abr	1.05	5.07	2.86	−0.12	4.26
2	alaq	1.35	4.73	3.95	−0.11	4.68
3	atoq	1.20	4.09	4.06	0.05	2.93
4	betad	1.17	6.64	2.44	0.72	4.13
5	cpq	0.68	4.56	2.07	0.67	5.56
6	cta	1.01	5.47	2.55	−0.07	4.12
7	ctoq	0.66	4.47	2.04	0.25	4.60
8	cvd	1.12	5.69	2.72	0.38	4.80
9	cvt	0.82	5.72	1.98	0.42	4.45
10	dsa	0.60	2.86	2.91	0.22	5.66
11	dtv	1.03	6.60	2.17	−0.25	5.77
12	epq	1.00	6.48	2.13	0.51	4.83
13	intisk	0.66	4.45	2.06	−0.75	7.50
14	ISK90	0.77	4.61	2.31	−0.42	6.64
15	ISK95	0.84	4.96	2.34	−0.24	6.72
16	oq	0.74	5.04	2.03	0.04	3.81
17	pmq	0.86	5.57	2.13	−0.28	4.25
18	rnaq	1.42	5.95	3.31	0.01	4.54
19	roa	1.35	5.99	3.12	−0.15	4.13
20	roe	1.61	5.97	3.73	−0.08	4.23
21	sgq	0.99	4.22	3.24	0.02	3.83
22	sue	1.37	3.96	4.78	−0.20	4.11
23	tes	1.18	3.83	4.28	0.13	3.91

第四章　随机贴现因子模型中的定价因子识别

本章介绍资产定价研究中的另一个核心研究问题：因子定价模型中有效因子的识别问题。在资产定价基础公式中，准确估计随机贴现因子是为资产进行有效定价的关键。4.1 节介绍随机贴现因子模型的理论框架。4.2 节介绍双重选择 LASSO 算法在线性随机贴现因子模型假设下，如何通过纠正遗漏变量误差来识别有效定价因子，以及该方法在中国 A 股市场的实证应用效果。4.3 节介绍在非线性随机贴现因子模型假设下，如何使用自纠偏机器学习法来识别非线性因子，以及该方法在中国 A 股市场的实证研究结果。4.4 节给出了本章小结。

4.1　随机贴现因子

本节从随机贴现因子的基本定义出发，介绍随机贴现因子的基础公式以及其经济学含义。然后将随机贴现因子模型中因子载荷的显著性与因子在定价模型中的定价有效性联系起来，为后文的因子识别及实证研究给出理论基础。

（一）随机贴现因子理论

本节将结合资产定价理论与投资者效用函数引申出随机贴现因子的经济学含义。首先从资产定价理论的目标——解释不确定性支付的价格开始讨论。对于任意一种金融资产，当前较低的价格通常对应着未来的高收益，所以资产定价理论也可以理解为解释为何不同的资产具有不同的平均收益率。广义上，资产定价的基础公式可以由以下两个式子表达（Hansen and Richard, 1987; Cochrane, 2005）：

$$p_t = E(m_{t+1}x_{t+1})$$

$$m_{t+1} = f(数据, 参数) \tag{4-1}$$

其中 p_t 为第 t 期的资产价格，x_{t+1} 为第 $t+1$ 期的支付，m_{t+1} 即为本章所要重点讨论的基于第 t 期的信息给 $t+1$ 期支付定价的随机贴现因子，或称定价核（pricing kernel）。从式（4-1）可以看出，任意资产在当前时点的均衡价格都是将未来支付用随机变量 m_{t+1} 折现后的期望值，所以无论何种金融资产，均可将模型假设赋予到函数 $f(\cdot)$ 中，从而展现为 m_{t+1} 的具体形式。如果在第 $t+1$ 期计算资产收益率，即 $R_{t+1} = x_{t+1}/p_t$，则可将式（4-1）变换为以下更常用的形式：

$$1 = E(m_{t+1}R_{t+1}) \tag{4-2}$$

当 R_{t+1} 为无风险利率 R_f 时，能推出 $R_f = 1/E(m_{t+1})$。m_{t+1} 可以理解为投资者愿意放弃未来的一单位消费以换取当前消费的比率，即跨期边际消费替代率。考虑以下的效用最大化问题：

$$\max_{\{\xi\}} u(c_t) + E_t[\beta u(c_{t+1})] \tag{4-3}$$

$$s.\,t.\,c_t = e_t - p_t \xi$$

$$c_{t+1} = e_{t+1} + x_{t+1} \xi$$

其中 $u(\cdot)$ 表示投资者的效用函数，c_t 与 c_{t+1} 分别表示当期与下一期的消费水平，β 为贴现率，e_t 与 e_{t+1} 分别表示当期与下一期的收入水平，p_t 为资产价格，ξ 为投资者需要决定的资产购买数量，根据 ξ 的一阶条件，可求得：

$$p_t = E_t \left[\beta \frac{u'(c_{t+1})}{u'(c_t)} x_{t+1} \right] \tag{4-4}$$

则可以定义 m_{t+1} 为两期的边际效用之比乘以贴现率：

$$m_{t+1} = \beta \frac{u'(c_{t+1})}{u'(c_t)} \tag{4-5}$$

式 (4-5) 中，m_{t+1} 代表的是边际效用增长率。如果将该式代入式 (4-1)，则有：

$$p_t = E(m_{t+1})E(x_{t+1}) + \mathrm{cov}(m_{t+1}, x_{t+1}) = \frac{E(x_{t+1})}{R^f} + \frac{\mathrm{cov}[\beta u'(c_{t+1}), x_{t+1}]}{u'(c_t)}$$

$$\tag{4-6}$$

从式 (4-6) 可以看出，如果 c_t 增加，边际效用函数 $u'(c_t)$ 随之减少，投资者将愿意为该资产支付较高的价格。因为资产支付与未来消费负相关，所以资产将起到保险的作用。

（二）随机贴现因子与多因子模型

在了解随机贴现因子的基本定义后，本节将介绍它与多因子模型的等价性，从而理解随机贴现因子载荷与定价因子之间的关系。

在式（4-3）的效用最大化问题中，e_t 与 e_{t+1} 是外生变量，是未来的经济状态对投资者投资决策的影响因素。投资者的目标是追求尽可能高的收益率，因此他们希望能够在未来特定的经济形势下选择最优的资产组合。因此研究者将 GDP 增长率、消费增长率、汇率走势以及其他评估经济状态发生可能性的宏观变量定义为"定价因子"。式（4-5）中的边际效用增长率难以直接度量，故而实证中研究者常用这类定价因子作为增长率的代理变量：

$$m_{t+1} = \beta \frac{u'(c_{t+1})}{u'(c_t)} \approx a + b'f_{t+1} \qquad (4\text{-}7)$$

其中 f_{t+1} 为定价因子向量，a、b 为自由参数。

式（4-7）将随机贴现因子表示成一系列定价因子的线性函数，这与常见的多因子模型极为相似。式（4-8）给出了多因子模型的一般形式：

$$E(R^i) = \gamma + \lambda \beta_i \qquad (4\text{-}8)$$

其中 R^i 为资产 i 的某截面收益率，λ 为定价因子的风险溢价，β_i 为资产 i 在定价因子上的风险暴露，γ 为零 beta 率，当存在无风险资产时即为无风险利率。容易证明式（4-7）与式（4-8）是等价的。简洁起见，忽略下标 t，并不失一般性假设 $E(f) = 0$，根据资产定价基础公式 $E(mR) = 1$ 与式（4-7），我们有：

$$E(R^i) = \frac{1}{E(m)} - \frac{\text{cov}(m, R^i)}{E(m)} = \frac{1}{a} - \frac{E(R^i f')b}{a} \qquad (4\text{-}9)$$

由于式（4-8）中的风险暴露 β_i 是通过将 R^i 回归于 f 得来的，即 $\beta_i \equiv E(ff')^{-1}E(fR^i)$，将 β_i 代入式（4-9），便得到了用随机贴现因子系数 a、b 表示的式（4-8）：

$$E(R) = \frac{1}{a} - \frac{E(R^if')E(ff')^{-1}E(ff')b}{a} = \frac{1}{a} - \beta'\frac{E(ff')b}{a} \quad (4\text{-}10)$$

对比式（4-8）与式（4-10），易推出：

$$\gamma \equiv \frac{1}{E(m)} = \frac{1}{a}$$

$$\lambda \equiv \frac{1}{a}\text{cov}(f, f')b = \gamma E[mf] \quad (4\text{-}11)$$

同理，从式（4-11）出发也可推出式（4-7）。从以上证明可以看出，随机贴现因子与多因子模型是等价的，通过给定的多因子模型，我们可得到相应的随机贴现因子表达式，反之亦然。此外，式（4-11）同时阐明了随机贴现因子载荷 a、b 的含义：a 代表零 beta 资产的收益率（无风险利率）的倒数，而 $b = \text{cov}(f, f')^{-1}E[mf]$ 反映了定价因子的"价格"，因子的风险溢价 $\lambda \neq 0$ 意味着该因子能同时被随机贴现因子 m 定价。

4.2　双重选择 LASSO 算法识别因子

传统的计量识别方法如最小二乘法可以得到具有一致性的估计值，但在处理高维问题时会面临"维度灾难"问题，即样本量 N 的大小接近或小于回归的自变量数量 K。LASSO 回归、回归树以及神经网络等机器学习方法可以有效地处理高维数据，但由于正则化条件的限制以及对数据中噪声的过拟合，往往无法得到无偏的估计系数。针对这一问题，Feng，Giglio 和 Xiu（2020）提出了双重选择 LASSO 法，通过第一步 LASSO 选出最能解释收益率的因子，再施加一步 LASSO 选出遗漏变量，从而可以在一定假设下满足估计的一致性。本节介绍如何应用双重选择 LASSO 法识别随机贴现因子载荷，并将其应用于 A 股市场实证研究。

（一）双重选择 LASSO 法

在资产定价理论中，一个给定因子解释资产价格的能力反映在其随机贴现因子载荷中。假设股票收益率的随机贴现因子 m_t 有如下线性形式：

$$m_t = \gamma_0^{-1} - \gamma_0^{-1} \lambda_v^\mathsf{T} v_t = \gamma_0^{-1} (1 - \lambda_g^\mathsf{T} g_t - \lambda_h^\mathsf{T} h_t) \tag{4-12}$$

其中 γ_0 为零 beta 资产收益率，h_t 为文献中已经发现的主流因子定价模型中的因子，g_t 为待检验的新发现的因子，λ_g 和 λ_h 为对应的系数。为了研究在已发现因子 h_t 的基础上新因子 g_t 是否依旧具有解释能力，可以通过随机贴现因子的定义将式（4-12）改写成：

$$E(r_t) = \iota_n \gamma_0 + C_v \lambda_v^\mathsf{T} = \iota_n \gamma_0 + C_g \lambda_g^\mathsf{T} + C_h \lambda_h^\mathsf{T} \tag{4-13}$$

其中 $E(r_t)$ 为期望收益率，ι_n 为 $n \times 1$ 的全为 1 的向量，n 代表用于检验因子定价模型的测试资产的数量，C_g 为 r_t 与 g_t 的协方差矩阵，C_h 为 r_t 与 h_t 的协方差矩阵。探究新因子是否在已发现因子的基础上有增量贡献，就是探究在给定众多的主流因子 h_t 的情况下，新因子在随机贴现因子中的载荷 λ_g 是不是显著不为 0。需要注意的是，对随机贴现因子载荷 λ_g 做统计推断相比很多文献中直接对因子风险溢价 γ_g 做统计推断更好。因为 γ_g 作为风险溢价的衡量代表了一个投资者是否愿意支付一定的补偿来对冲某一风险因素，但其没有反映该因子是否有助于对横截面股票收益率定价（Feng, Giglio, and Xiu, 2020）。例如，如果一个因子的随机贴现因子载荷是 0，但由于它和某个真实的定价因子有很强的相关性，则该因子风险溢价不为 0。在这个例子中如果针对因子风险溢价做统计推断就会错误地认为它是真实的定价因子，从而得到误导性的结论。

在现实世界中有许多定价因子，如 Fama-French 六因子以及 Hou-Xue-Zhang 的 Q 因子等，本节在估计随机贴现因子载荷 λ_g 之前，需要确定基准因子 h_t 的构成。LASSO 是帮助减少基准因子数量的方法之一。LASSO 是对岭回归方法的改进，其中拉格朗日中的约束是参数的绝对值。具体来说，对股票收益和所有基准因子之间的协方差进行平均收益的横截面 LASSO 回归：

$$\min_{\gamma, \lambda}\left\{ n^{-1}(\bar{r}-\iota_n\gamma-\widehat{C_h}\lambda)^2+\tau_0 n^{-1}|\lambda|_1\right\} \tag{4-14}$$

其中 $\bar{r}$ 是所有测试资产收益的时间序列平均值，$\widehat{C_h}$ 是 r_t 和 h_t 的协方差矩阵，τ_0 是 LASSO 惩罚参数。通过交叉验证来选择 τ_0，并使用最小角回归算法（Efron, et al., 2004）或坐标下降算法（Friedman, et al., 2007）来求解 LASSO 系数 λ。LASSO 回归将把一些 λ 缩小到零，从而得到一个稀疏模型。在这一步 LASSO 回归中选出的基准因子表示为 $\{\widehat{I_t}\}$。

然而，在有限样本中，传统的 LASSO 回归不能以 1 的概率选择真正的模型。这表明第一步 LASSO 回归给出的结果存在严重的遗漏变量偏差，对随机贴现因子载荷 λ_g 的推断可能是错误的。因此，进行一步 LASSO 回归不足以保证控制所有有用的基准因子。需要进行以下第二步 LASSO 回归，以寻找在第一步中被遗漏，但仍在解释测试资产收益方面发挥作用的因子：

$$\min_{\xi_j, \chi_j}\left\{ n^{-1}(\widehat{C_{g,\cdot,j}} - \iota_n\xi_j - \widehat{C}_h\chi_{j,\cdot})^2 + \tau_j n^{-1}|\chi_{j,\cdot}|_1 \right\} \tag{4-15}$$

其中 $\widehat{C_{g,\cdot,j}}$ 是测试资产收益率 r_t 和 g_t 中的第 j 个因子的协方差，是 $n\times1$ 维向量，$\chi_{j,\cdot}$ 为 $\widehat{C_{g,\cdot,j}}$ 对 $\widehat{C}_h$ 回归的回归系数。直观地说，对于每个新的因子 g_j，识别出相应的基准因子，对应基准因子与平均收益的协方差最接近于平均收益和因子 g_j 之间的协方差。所选基准因子的所有指标的并集表示为集合 $\widehat{I}_2 = \bigcup_{j=1}^{d}\widehat{I}_{2,j}$。

接下来使用两步 LASSO 回归选择的基准因子作为控制变量，通过以下横截面回归来评估新因子 g_t 的边际重要性，估计出随机贴现因子载荷 λ_g：

$$(\widehat{\gamma_0}, \widehat{\lambda_g}, \widehat{\lambda_h}) = \arg\min_{\gamma_0, \lambda_g, \lambda_h}\left\{ (\bar{r} - \iota_n\gamma_0 - \widehat{C}_g\lambda_g - \widehat{C}_h\lambda_h)^2 : \lambda_{h,j} \right\} = 0, \ \forall j \notin \widehat{I} = \widehat{I}_1 \cup \widehat{I}_2$$

$$\tag{4-16}$$

（二）因子与测试资产

本节的目的是探索除基准因子之外的一些新因子的定价解释力，我们首先介绍 A 股市场主流定价因子的定义，并在本章附录的第一部分给出了因子的详细构建方法，最后介绍如何构建测试资产去检验这些因子和其他潜在因子的解释力。① 表 4-1 列举了金融学文献中的主流因子模型，和这些模型基准定价因子在中国 A 股市场的收益率表现。此外，我们还考虑了两个额外因子。一个是基于 Amihud（2002）非流动性测度构造的流动性因子 AMI，另一个是由 Asness 和 Frazzini（2013）提出的 QMJ（quality-minus-junk）因子。文献研究发现这两个因子在 A 股市场也有显著的正收益率。

表 4-1　A 股市场基准定价因子描述性统计

定价因子		均值（%）	标准差（%）	年化夏普比率	t 值	偏度	峰度	最大年化夏普比率
FF6	MKT	0.61	7.69	0.27	1.24	-0.23	4.06	1.25
	SMB	0.35	3.74	0.32	1.43	-0.29	4.6	
	HML	0.39	4.02	0.34	1.49	-0.18	7.02	
	RMW	0.25	3.35	0.26	1.17	0.25	5.85	
	CMA	-0.09	2.56	0.12	-0.55	0.19	5.48	
	UMD	0.20	4.16	0.17	0.73	-0.47	4.38	
Q5	MKT	0.61	7.69	0.27	1.24	-0.23	4.06	1.71
	R_{me}	0.53	3.37	0.54	2.46	-0.21	5.38	
	I/A	0.07	2.07	0.12	0.5	0.22	3.62	
	ROE	0.85	3.30	0.89	3.99	0.2	4.34	
	R_{Eg}	0.25	3.38	0.26	1.15	0.07	6.78	

---

① 主流因子模型在 A 股市场的更多实证研究结果可参考 Chen，Wu 和 Zhu（2022）和 Chen，Shen 和 Liu（2021）。

续表

定价因子		均值（%）	标准差（%）	年化夏普比率	t 值	偏度	峰度	最大年化夏普比率
SY-4	MKT	0.61	7.69	0.27	1.24	−0.23	4.06	0.75
	SMB	0.50	4.51	0.38	1.73	−0.62	9.35	
	MGMT	0.02	3.16	0.02	0.1	0.32	9.89	
	PERF	0.58	4.64	0.43	1.95	0.36	4.36	
DHS-3	MKT	0.61	7.69	0.27	1.24	−0.23	4.06	1.27
	PEAD	0.99	3.00	1.14	5.1	−0.13	3.46	
	FIN	0.10	2.49	0.14	0.62	−0.48	9.42	
CH-4	MKT	0.61	7.69	0.27	1.24	−0.23	4.06	2.13
	SMB	0.53	4.52	0.41	1.81	0.06	4.77	
	VMG	1.16	3.74	1.07	4.79	0.12	4.45	
	PMO	0.86	3.56	0.84	3.77	−0.82	9.78	
新增	AMI	1.05	3.38	1.09	4.81	0.35	6.69	NA
新增	QMJ	0.83	3.61	0.81	3.56	0.22	4.41	NA

对于待测试的新因子 g_t，我们首先考虑 CH-4 模型无法解释的市场异象。表 4-2 展示了 CH-4 模型调整后具有显著异常收益率（alpha）的市场异象的单变量分组检验结果。如表 4-2 所示，在我们检验了第三章中构造的 107 个市场异象后，只有 6 个异象具有在 5%显著水平下无法被 CH-4 模型解释的异常收益率。其中，盈利发布日累计异常收益率（abr）、Dimson beta 值（betad）和前 5 年年末平均收益附近的累计异常收益率（ra25），这三个市场异象收益率的 t 值也显著（$t>1.96$），因此我们把这三个异象作为潜在的测试因子。此外，我们还测试了其他 7 个

文献中发现的在 A 股市场显著的异象，包括季度总资产市值比率（amq）、总资产收益率变化（droa）、净资产收益率变化（droe）、Fama-French 三因子调整的异质性波动率（ivff）、季度销售增长率（sgq）、短期反转（srev）和股票换手率变化（vturn）。对于每一个异象，我们按照相应特征的 30% 和 70% 将股票分成 3 个投资组合，并且对变量进行调整，保证高排名与更高的平均收益相关联。同时根据市值的中位数将股票分成两组，因子的收益是两个高特征投资组合的平均值与两个低特征投资组合的平均值之间的收益差。表 4-3 显示了这些待测试因子的均值、标准差、t 值、年化夏普比率、偏度和峰度。

表 4-2　CH-4 模型下显著的市场异象单变量分组检验

异象	（1） 均值 （%）	（2） 标准差 （%）	（3） t 值	（4） FF6- alpha t 值	（5） Q5- alpha t 值	（6） SY4- alpha t 值	（7） DHS3- alpha t 值	（8） CH-4- alpha t 值
abr	0.85	4.74	2.92	2.75	1.89	2.97	0.09	2.41
betad	1.05	5.91	2.61	2.19	2.60	3.05	3.09	2.57
e6	0.47	4.80	1.52	1.52	0.92	1.23	0.38	2.48
isff	0.25	3.43	1.06	1.13	1.49	1.56	0.92	2.56
isq	0.27	3.60	1.20	1.43	2.18	2.24	0.91	2.51
ra25	0.66	4.19	2.69	3.03	2.70	2.90	2.58	2.77

　　为了避免测试资产含有特定的因子结构，我们选择较大数量的特征变量通过分组排序来构造测试资产。基于上一章中构建的中国 A 股特征变量数据库，我们选取其中较为显著的 26 个公司特征变量来构造投资组合作为因子识别检验的测试资产。这 26 个显著的特征变量

包括盈余公告日前后累计超额收益率、换手率、Amihud 非流动性比率、季度总资产市值比率、Dimson beta 值、净值市价比、资产收益率变化、净资产收益率变化、美元计价交易量、预期投资增长、收益价格比率、投资增长、Fama-French 三因子调整的异质性波动率、收益反转、前 24 个月收益价格动量、最高日度收益、前 5 年年末平均收益附近的累计异常收益率、11 个月动量、研发费用占市值比、净资产收益率、季度销售增长率、季度股价与销售额比率、短期反转、总波动率、股票美元交易量变化和股票换手率变化。使用独立双重分组排序的方法，将所有 A 股上市公司股票根据其市值和这 26 个公司特征变量分别构建 5×5 投资组合，形成总共 650（25×26）个投资组合作为测试资产。

表 4-3   待测试因子的描述性统计表

	（1）	（2）	（3）	（4）	（5）
因子名	abr	amq	betad	droa	droe
均值（%）	0.44	0.50	0.85	0.85	0.88
标准差（%）	2.32	4.51	3.53	1.78	1.91
t 值	2.94	1.72	3.73	7.42	7.15
年化夏普比率	0.67	0.39	0.84	1.68	1.62
偏度	−0.07	0.01	0.88	0.19	0.16
峰度	4.89	7.10	5.03	4.37	4.63
	（6）	（7）	（8）	（9）	（10）
因子名	ivff	ra25	sgq	srev	vturn
均值（%）	1.04	0.35	0.88	0.79	0.91
标准差（%）	3.04	2.40	2.31	3.25	3.67
t 值	5.30	2.26	5.91	3.77	3.84

续表

	(6)	(7)	(8)	(9)	(10)
年化夏普比率	1.20	0.51	1.34	0.85	0.87
偏度	0.12	0.71	0.27	0.51	-0.52
峰度	4.94	5.20	5.80	4.89	6.71

（三）实证结果

在介绍了因子模型和测试资产的构建后，本部分将讨论将双重选择 LASSO 方法应用于 A 股市场进行因子识别的实证研究结果。我们选择表4-3 中的 10 个因子作为待测试因子。接下来的问题是那些具有显著风险溢价的因子是否有助于解释横截面收益率。正如 Feng, Giglio 和 Xiu（2020）与 Cochrane（2005）所强调的，回答这个问题的关键是比较各因子在随机贴现因子模型中的载荷。表4-4 的第 1、2 列展示了随机贴现因子载荷估计值以及使用双重选择 LASSO 方法的 t 统计量。考虑所有 20 个基准因子，应用双重选择 LASSO 方法的两步总共选出了 4 个基准因子，包括预期增长（R_{eg}）、流动性（AMI）、质量因子（QMJ）和市场超额收益（MKT），其中前三个因子来自第一步，最后一个因子来自第二步。选择这 4 个因子作为基准因子，而不是 Liu-Stambaugh-Yuan 中国市场 CH-4 四因子的原因是所选基准因子的组成高度依赖测试资产。对于本节 650 个测试组合的收益率，上述因子比 CH-4 四因子具有更强的解释能力，检验结果详见表4-4。在第 1、2 列中，我们发现 10 个测试因子中有 5 个具有显著的随机贴现因子载荷，在 5% 的水平显著，其中大部分被归类为交易摩擦类因子。相比之下，当我们使用 CH-4 四因子作为对照时，如第 3、4 列所示，显著的测试因子有 7 个。其中两种基准因子下都在 5% 置信水平下显著的因子包括 abr、betad、droa 以及 ivff。产生这种差别的原因在于两种检测使用的基准因子不同，而基准因子对于评价新因子的额外贡献会有影响。但正如 Feng, Giglio 和 Xiu（2020）指出的，控制所有可用因子是一种无偏但低效的方法，当因子空间维数较大时，低效率变得尤为严重。

表 4-4　随机贴现因子载荷估计

	(1) 双重选择 LASSO 四因子		(2) CH-4 四因子	
	Coef	t-value	Coef	t-value
abr	8.77 ***	3.29	6.89 ***	2.69
amq	−3.02	−0.89	−2.88	−0.96
betad	8.97 ***	3.86	5.51 **	2.31
droa	52.64 ***	3.81	39.88 ***	3.19
droe	−21.84 *	−1.77	−5.85	−0.51
ivff	27.06 ***	7.35	23.35 ***	6.79
ra25	−4.53 *	−1.93	−6.49 ***	−2.83
sgq	−1.66	−0.49	−14.71 ***	−4.31
srev	3.80 **	1.97	1.74	0.91
vturn	−1.19	−0.48	6.68 ***	2.95

最后，本部分研究了上述 4 个使用双重 LASSO 方法选出的显著因子和两个文献中的额外因子，即 AMI 和 QMJ 是否可以提高 CH-4 因子模型的定价能力。我们通过在 CH-4 因子中逐个添加这些新的因子，将 CH-4 模型增强为五因子模型，并使用我们构造的 107 个市场异象投资组合，以及表 4-1 中的 20 个基准因子中无法被 CH-4 因子模型解释的 PEAD 和 R_{me} 因子来检验其定价能力。表 4-5 给出了使用 107 个市场异象投资组合作为测试资产的各因子模型的 GRS 检验统计量，以及 PEAD 和 R_{me} 因子回归在每个因子模型上的超额收益率 alpha 和相应的 t 值。检验结果表明，abr 和 droa 可以提高 CH-4 模型的定价能力。这两个因子（abr 和 droa）都可以降低 GRS 统计量，以及 PEAD 和 R_{me} 的 alpha 值。然而，这种改进是有限的，没有一种五因子模型能完全解释所有的异象。

表 4-5　因子模型定价能力对比

	(1)	(2)	(3)	(4)	(5)	(6)	(7)
				CH-4+			
	CH-4	AMI	QMJ	abr	betad	droa	ivff
GRS 检验统计量	3.28	3.09	3.25	3.15	3.37	3.01	3.27
平均 t 值	1.00	0.99	0.96	1.01	1.18	1.35	1.14
Alpha for PEAD（%）	0.72	0.76	0.21	0.41	0.77	0.41	0.77
t 值	(3.35)	(3.44)	(3.15)	(2.33)	(3.51)	(1.95)	(3.63)
Alpha for R_{me}（%）	0.19	0.17	0.20	0.09	0.23	0.10	0.24
t 值	(1.90)	(1.64)	(2.00)	(0.99)	(2.22)	(1.00)	(2.56)

4.3　自纠偏机器学习法识别因子

资产定价的一个基本挑战是可靠地识别解释截面收益的因子。传统的基于回归的方法，如 Fama 和 Macbeth（1973）的回归，至少有两个潜在的缺点。首先，目前文献已经发现了数百个潜在的因子。由于因子的数量巨大，线性回归可能会在高维度的环境下产生噪声估计值。其次，资产的收益可能不单是因子的线性函数。传统的线性因子模型假设定价因子之间没有相互作用，它们与预期股票收益的关系是严格的线性关系。然而，Jagannathan 和 Korajczyk（1986）表明，与期权特征相类似的股票（如高杠杆公司股票）的被动投资组合收益可能与市场收益有非线性关系。为了克服这些缺点，本节在假设随机贴现因子具有非线性结构的基础上，介绍 Chernozhukov，Newey 和 Singh（2022）提出的自纠偏机器学习（ADML）法，并采用该方法来精确估计 A 股市场的定价因子在随机贴现因子中的载荷。[①]

（一）自纠偏机器学习法

1. 非线性随机贴现因子与 ADML 方法

在资产定价理论中，正如 Cochrane（2009）所讨论的那样，一个

给定的因子解释资产价格的能力反映在其随机贴现因子上。根据 Bansal 和 Viswanathan（1993），考虑以下非线性随机贴现因子：

$$m_t = H(f_t) \qquad (4\text{-}17)$$

其中 f_t 是因子集，$H(\cdot)$ 是具有一般形式的函数。f_t 中包含数量庞大的因子，包括有用的和多余或无用的因子。我们关心的问题是如何在存在大量潜在定价因子的情况下准确识别出有效因子。在非线性定价核下，预期收益率可以写为以下形式：

$$E(r_t) = \tau_n r_f + r_f g(\operatorname{cov}(f_t, r_t)) \qquad (4\text{-}18)$$

其中 $E(r_t)$ 是一个 $n \times 1$ 的期望收益向量，τ_n 是一个 $n \times 1$ 的全为 1 的向量，$g(\cdot)$ 是某种一般形式的非线性函数。

根据式（4-18），我们可以应用以下矩函数来确定每个因子对于期望收益的平均效应 λ_f，

$$\lambda_f = E[m(W, \gamma_0)] = E\left[\frac{\partial \gamma_0(X)}{\partial C_f}\right] \qquad (4\text{-}19)$$

其中 $\gamma_0(X) = E[r_t \mid C_f], C_f = \operatorname{cov}(f_t, r_t)$。

同样根据式（4-18），也可以将因子对于期望收益的效应看作随机贴现因子载荷，则需要做统计推断的随机贴现因子载荷 λ_g 可以用以下条件识别：

$$\lambda_g = E[m(W, \gamma_0)] = E\left[\frac{\partial \gamma_0(X)}{\partial C_g}\right] \qquad (4\text{-}20)$$

其中 $\gamma_0(X) = E[r_t \mid C_v]$，是测试资产收益率基于协方差 C_v 信息集的条件期望值，即式（4-18）的条件期望表达式，W 为数据观测值。根据里

斯表达定理（Riesz representation theorem），在满足 $E[m(W,\gamma)]$ 是关于 γ 的均方连续函数的条件下，$m(W,\gamma)$ 可以被分解为两个函数的内积形式：$E[m(W,\gamma)]=E[\alpha_0((X)\gamma(X))]$，其中 $\alpha_0(X)$ 代表里斯表达项。如果直接对 λ_g 用 LASSO 等机器学习方法做统计推断，则识别的矩条件为 $E[m(W,\gamma_0)-\lambda_g]=0$。但由于机器学习方法在最小二乘法的基础上施加了各种正则化条件，其估计系数难以满足一致性，因此需要在识别条件中加入影响函数进行调整。误差调整后的识别方程为：

$$\Psi(W,\lambda_g,\gamma,\alpha)=m(W,\gamma)-\lambda_g+\alpha[\gamma_0(X)-\gamma(X)] \qquad (4\text{-}21)$$

这样可以保证在给定数据 W 和真实的随机贴现因子载荷 λ_g 的条件下，用 γ 和 α 对真实值 γ_0 和 α_0 进行估计的期望偏差为：

$$E[\Psi(w,\lambda_g,\gamma,\alpha)]=E[m(W,\gamma)]-\lambda_g+E[\alpha(X)\{\gamma_0(X)-\gamma(X)\}]$$

$$=E[\alpha_0(X)\{\gamma(X)-\gamma_0(X)\}]+E[\alpha(X)\{\gamma_0(X)-\gamma(X)\}]$$

$$=-E[\{\alpha(X)-\alpha_0(X)\}\{\gamma(X)-\gamma_0(X)\}] \qquad (4\text{-}22)$$

在加入影响函数后，估计的期望偏差成为对 α_0 和 γ_0 估计偏差的乘积。这样做可以达到双重稳健的性质，即只要保证 α_0 和 γ_0 中的一个可以一致估计，就可以保证 λ_g 的估计量满足一致性。在实际操作中，虽然利用机器学习方法估计 α_0 和 γ_0 的过程中都会产生一定的误差，但这两部分误差相乘后可以很大程度减少对 λ_g 估计的偏差，从而在一定的条件下可以满足目标参数的一致估计。其中条件期望 γ_0 可以用广泛的机器学习方法如 LASSO 回归、回归树、神经网络以及各种非参方法估计。但是由于里斯表达项 α_0 的分析解往往比较复杂，我们采用 Chernozhukov，Newey 和 Singh（2022）提出的自动 LASSO 回归方法，在未知 α_0 形式的情况下进行估计。在得到条件期望 γ_0 和里斯表达项 α_0 的估计后，再由式（4-21）利用样本均值来估计目标参数即可得到 λ_g 的估计值。但直接用样本均值估计无法避免过拟合偏差，因此本节计划用文献中提出的样本分割方法对其进行调整，得到更稳健的统计推断结果。

2. 自动 LASSO 回归及样本分割

由式（4-21）对条件期望 γ_0 和里斯表达项 α_0 做两步估计，再用样本均值估计随机贴现因子载荷 λ_g 即可得到目标参数的一致估计。但由于 α_0 的形式比较复杂，实际操作中很难得到分析解。然而根据里斯表达定理，α_0 也是条件期望函数空间中的一个元素，因此可以用线性方程假设其函数形式，再利用自动 LASSO 回归实现在未知其形式的情况下估计 α_0。首先假设 $\hat{\alpha}$ 有以下线性的形式：

$$\hat{\alpha}(x) = b(x)'\hat{\rho} \tag{4-23}$$

其中 $b(x)$ 为 $p \times 1$ 的函数字典，并且 p 的个数可以大于样本数 n。在因子发现问题中可以设定 $b(x) = (1, C_g, C_h)$。根据里斯表达定理，任意的条件期望函数都满足以下方程：

$$M = E[m(W, b)] = E[\alpha_0(X)b(X)] \tag{4-24}$$

估计 $\alpha_0(X)$ 时目标为最小化残差平方和 $\|\alpha_0 - b(X)'\rho\|^2$。将平方项展开成三部分，其中有关 $\alpha_0(X)$ 的项可以忽略，中间项中未知量 $\alpha_0(X)b(X)$ 可以用 $\hat{M} = \dfrac{1}{n}\sum_{i=1}^{n} m(W_i, b)$ 得到一致的估计，而最后一

项 $b(X)b(X)'$ 可以用 $\hat{G} = \dfrac{1}{n} \sum\limits_{i=1}^{n} b(X_i)b(X_i)'$ 得到一致的估计。并且由于 $b(X)$ 为高维设定,因此需要用 LASSO 回归实现变量选择的目的。因此,为了实现在未知 $\alpha_0(X)$ 形式的情况下对其估计,自动 LASSO 回归估计量的形式为:

$$\widehat{\rho_L} = \arg\min_{\rho}\{-2\hat{M}\rho + \rho'\hat{G}\rho + 2r_L|\rho|_1\}, \quad |\rho|_1 = \sum_{j=1}^{p}|\rho_j|$$

$$(4\text{-}25)$$

其中 r_L 为调节 LASSO 惩罚项的超参数,采用 Chernozhukov, Newey 和 Singh(2022)提出的方法可得到稳健的估计。

在得到 γ_0 和 α_0 的估计量 $\hat{\gamma}$ 和 $\hat{\alpha}$ 后,将它们代入式(4-21),并用样本均值来识别随机贴现因子载荷 λ_g。但用机器学习方法得到的估计量 $\hat{\gamma}$ 和 $\hat{\alpha}$ 往往包含了过多的噪声,Chernozhukov 等(2018)提出如果真实模型的噪声之间有很强的相关性,那么直接代入包含噪声的估计量进行第二步估计会带来过拟合偏差,使得估计量有偏。在实际操作过程中,课题组计划用分割样本方法解决过拟合偏差。具体而言,将数据分为相等的 L 份,$I_l(l=1, 2, \cdots, L)$ 记做第 l 份数据,然后用不属于 I_l 的数据估计 γ_0 和 α_0,得到估计量 $\hat{\gamma}$ 和 $\hat{\alpha}$,再代入式(4-21),用 I_l 中的数据估计 λ_g,最终 λ_g 的估计量即为每一份估计值的平均值:

$$\hat{\lambda}_g = \frac{1}{n}\sum_{l=1}^{L}\sum_{i \in I_l}\{m(W_i, \hat{\gamma}_l) + \hat{\alpha}_l(X_i)[\overline{r_i} - \hat{\gamma}_l(X_i)]\} \quad (4\text{-}26)$$

其中 n 代表测试资产的数量，$\overline{r}_i$ 代表第 i 个测试资产收益率的时间序列平均值。最后，为了对随机贴现因子载荷 λ_g 做统计推断，还需要构建其方差的一致估计量。对于每一份数据 I_l，构建估计量如下：

$$\hat{\Psi}_{il} = m(W_i, \hat{\gamma}_l) - \hat{\lambda}_g + \hat{\alpha}_l(X_i)\left[\overline{r}_i - \hat{\gamma}_l(X_i)\right], i \in I_l, (l=1,2,\cdots,L)$$

(4-27)

那么利用以下的样本方差即可得到 $\sqrt{n}(\hat{\lambda}_g - \lambda_g)$ 方差的一致估计量 $\hat{V}$：

$$\hat{V} = \frac{1}{n}\sum_{l=1}^{L}\sum_{i \in I_l}\hat{\Psi}_{il}^2$$

(4-28)

在完成理论梳理后，下一部分将在模拟实验中检验 ADML 估计量的性质。

（二）数值模拟

1. 模拟过程

在介绍了非线性随机贴现因子与 ADML 方法后，本部分通过数值模拟的方法检验了 ADML 估计量的一致性。数值模拟过程与 Feng，Giglio 和 Xiu（2020）相似。待测因子（表示为 g_t）包括：有用因子（非零随机贴现因子载荷）、冗余因子（零随机贴现因子载荷但与有用因子相关）以及无用因子（零随机贴现因子载荷且与有用因子不相关）。控制因子 h_t 包括四个有用的因子 h_{1t}，和 p 个冗余或无用的因子

h_{2t}。测试资产的预期收益 $E(r_t)$ 和收益 r_t 由这些因子产生，蒙特卡罗试验的总数为 2 000 次。第四章附录第一部分可见详细过程。

本节采用与 Feng, Giglio 和 Xiu（2020）相同的方法使用真实因子来校准模拟参数。采用 Fama-French 五因子来校准有用因子。我们对模拟数据采用 ADML 方法进行估计，并考虑了因子个数 $p = 75$、100、125，测试资产数 $n = 150$、300、450，时间序列长度 $T = 240$、360、480 的不同参数设定。

2. 模拟结果

图 4-1 报告了 ADML 估计量和不采用影响函数进行调整的代入估计量（plug-in）的估计标准误差的直方图，并与标准正态分布进行比较。ADML 估计量使用 LASSO 估计里斯表达项 α_0，并使用了三个隐藏层的神经网络来估计 γ_0。图 4-1（a）报告了 $n = 150$ 的结果，图 4-1（b）是 $n = 300$，图 4-1（c）是 $n = 450$。在该模拟中，$T = 480$，$p = 100$。

如图 4-1 所示，没有影响函数的代入估计量有较大的偏差。相比之下，采用影响函数对偏差进行调整后，ADML 估计量呈现无偏的、渐进正态的分布，这得益于其双重稳健的特性。在附图 4-1 中，我们分别应用具有 1、2、4、5 个隐藏层的神经网络来估计 γ_0，发现了类似的结果。此外，在附图 4-2 中用不同的参数集，也得到了相似的结果。

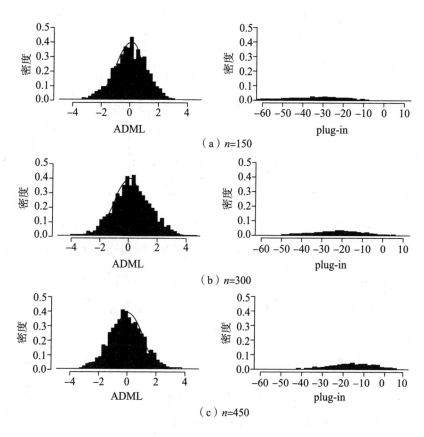

图 4-1　数值模拟结果

（三）定价因子识别实证研究

本部分研究了解释中国和美国股票市场横截面预期收益的重要因子的差异。作为世界上最大的新兴资本市场，中国股市的散户投资者占比很大，套利的限制性也相对更强，这使得它与美国股市的交易和定价性质具有显著的差异。效仿 Hou，Xue 和 Zhang（2020）与 Chen，Wu 和 Zhu（2022），我们利用 CSMAR 金融研究数据库的交易和财务数据构建了中国股票市场的 132 个公司特征。附表 3-1 给出了这些特征变量的详细定义和构建方法。[①] 我们遵循 Feng，Giglio 和 Xiu（2020）的构建方法，基于上述公司特征构建定价因子，并使用 762 个 3×2 的投资组合作为测试资产。样本期为 2000 年 1 月—2021 年 12 月。

美股市场是一个相对较为成熟的资本市场，我们采用 Feng，Giglio 和 Xiu（2020）的 150 个风险定价因子作为美股市场的因子池，以及 750 个 3×2 投资组合作为测试资产，该部分数据的样本期为 1976 年 6 月—2017 年 12 月。本章附表 4-1 给出了这 150 个美国股票市场因子的定义。

表 4-6 和表 4-7 展示了使用 ADML 计算的单个因子在中国 A 股市场和美股市场中相对于其他因子的边际贡献结果。我们发现了 A 股市场和美股市场之间一些有趣的相似和不同之处。与估值比率、盈利能力和投资有关的各种因子在两个股票市场中都很重要。然而，动量和反转因子，如动量因子（UMD）和 36 个月的动量（mom36m），在解释美国股市的横截面股票收益方面是显著的。相比之下，与动量相关的因子，如前 6 个月累计收益（r6）、前 11 个月累计收益（r11）以

---

① 本部分实证研究中用到的因子库是在附表 3-1 的 107 个公司特征变量的基础上，拓展部分季度频率特征为月度频率，从而得到 132 个特征变量，并以此构造了相应的定价因子。

及短期反转（srev），在 A 股市场不具有显著的增量定价能力。这些发现与 Li，Qiu 和 Wu（2010）以及 Cheung，Hoguet 和 Ng（2015）一致，体现了我国 A 股市场的动量效应较弱。

表 4-6　中国 A 股市场 ADML 因子估计结果

变量	NN1		NN2		NN3		NN4		NN5	
	λ_f	t 值	λ_f	t 值	λ_f	t 值	λ_f	t 值	λ_f	t 值
abr	−1.12	−1.76	−1.75	−2.71	−1.67	−2.56	−1.69	−2.65	−1.71	−2.63
abtur	−4.72	−3.05	−5.48	−3.32	−6.12	−3.56	−5.99	−3.54	−6.23	−3.65
age	0.98	1.89	0.92	1.86	0.64	1.36	0.51	1.05	0.54	1.11
ala	15.85	9.28	12.56	8.02	12.51	8.05	11.74	7.81	11.48	7.55
alaq	0.21	0.23	0.77	0.89	1.22	1.47	0.9	1.1	0.93	1.13
alm	3.35	3.11	3.93	3.84	3.38	3.26	2.99	2.79	2.66	2.47
almq	2.32	2.79	1.91	2.3	1.91	2.27	1.96	2.35	1.92	2.34
am	1.18	1.25	1.33	1.39	1.34	1.4	1.48	1.56	1.44	1.48
ami	1.78	4.37	0.94	2.37	1.04	2.7	0.99	2.55	0.96	2.45
amq	−0.77	−1.15	−0.58	−0.91	−0.49	−0.76	−0.32	−0.5	−0.53	−0.85
ato	5.55	1.79	5.18	1.73	5.05	1.74	5.42	1.82	5.87	1.98
atoq	−2.67	−0.99	−2.53	−0.95	−2.51	−0.95	−2.79	−1.13	−2.59	−1.05
beta	1.08	4	1.36	5.16	1.03	4.07	0.9	3.5	0.96	3.82
beta_	1.39	7.56	1.01	5.61	0.91	5.24	0.9	5.19	0.9	5.07
betad	1.78	4.11	1.04	2.35	1.19	2.76	1.09	2.45	1.07	2.41
betafp	−1.1	−4.78	−0.62	−2.83	−0.65	−3.02	−0.59	−2.72	−0.46	−2.05
bl	−3.41	−6.09	−1.94	−3.45	−1.34	−2.42	−0.79	−1.44	−0.84	−1.52
blq	2.27	3.94	2.16	3.8	2.44	4.4	2.43	4.42	2.54	4.55

续表

变量	NN1		NN2		NN3		NN4		NN5	
	λ_f	t 值	λ_f	t 值	λ_f	t 值	λ_f	t 值	λ_f	t 值
bm	2.46	1.68	0.98	0.72	0.47	0.36	0.77	0.58	0.86	0.65
bmj	0.94	1.57	0.38	0.64	0.7	1.17	0.78	1.32	0.85	1.44
bmq	-2.35	-1.63	-1.32	-1.01	-1.41	-1.06	-1.77	-1.4	-1.71	-1.38
cdi	-6.6	-3.39	-3.18	-1.76	-2.49	-1.4	-1.99	-1.15	-1.62	-0.95
cei	6.07	3.05	4.16	2.1	3.61	1.92	3.54	1.88	3.36	1.78
cla	-0.65	-1.43	-0.09	-0.19	-0.15	-0.35	-0.16	-0.37	-0.05	-0.12
claq	1.15	2.22	0.33	0.66	0.28	0.58	0.25	0.51	0.25	0.52
cop	-0.33	-0.72	0.14	0.33	0.04	0.08	0.06	0.13	0.06	0.15
cp	-10.23	-7.59	-8.96	-6.69	-8.5	-6.43	-8.52	-6.33	-8.53	-6.38
cpq	1.91	2.34	1.78	2.21	1.45	1.95	1.61	2.23	1.58	2.12
cs	6.84	3.66	5.51	2.98	5.59	3.1	5.53	3.33	5.66	3.41
cta	-0.77	-1.01	-0.33	-0.43	-0.79	-1.04	-1.04	-1.37	-1.09	-1.43
cto	3.16	1.92	2.4	1.48	2.06	1.32	1.84	1.17	1.98	1.25
ctoq	6.59	4.8	5.04	3.83	4.21	3.27	4.39	3.39	4.37	3.41
cvd	-1.8	-1.97	-1.34	-1.59	-1.23	-1.46	-1.21	-1.43	-0.94	-1.12
cvt	-2.44	-61.4	-2.5	-62.16	-2.43	-58.15	-2.4	-57.5	-2.34	-56.13
db	0.85	1.66	0.9	1.83	0.69	1.4	0.65	1.37	0.7	1.44
dcoa	-24.43	-5.33	-24.64	-5.73	-23.87	-5.65	-22.53	-5.34	-23.43	-5.65
dcol	15.49	5.01	13.4	4.56	13.23	4.48	13.24	4.62	12.61	4.42
dfin	1.63	1.03	0.69	0.45	-0.22	-0.14	-0.03	-0.02	0.03	0.02
dfnl	7.63	3.63	6.86	3.3	6.1	2.94	5.23	2.63	5.03	2.5
dgs	7.65	2.98	12.21	5.08	10.24	4.32	9.96	4.24	9.58	4.06

续表

变量	NN1		NN2		NN3		NN4		NN5	
	λ_f	t值	λ_f	t值	λ_f	t值	λ_f	t值	λ_f	t值
dlti	0.85	0.75	1.13	1	1.87	1.64	1.72	1.55	1.88	1.65
dm	−7.33	−7.98	−6.08	−7.09	−5.16	−6.03	−5.33	−6.11	−5.22	−6.01
dmq	−0.06	−0.06	0.08	0.08	0.03	0.04	0.21	0.23	0.34	0.36
dnca	−2.96	−2.94	−2.12	−2.13	−2.15	−2.22	−1.86	−1.9	−2.03	−2.11
dnco	−0.89	−0.82	−0.72	−0.68	−0.6	−0.56	−0.43	−0.41	−0.31	−0.3
dnoa	6.84	2.79	4.65	1.94	3.82	1.63	4.19	1.78	3.7	1.58
dpia	−4.23	−4.73	−3.72	−4.3	−3.48	−4.23	−3.5	−3.91	−3.36	−3.96
droa	5.17	4.05	5.42	4.29	5.17	4.19	5.39	4.46	5.39	4.51
droe	1.59	0.76	0.68	0.35	0.22	0.11	0.16	0.08	−0.14	−0.08
dsa	7.31	2.38	4.71	1.61	3.54	1.22	3.39	1.17	3.47	1.2
dsi	4.51	6.74	6.79	11.11	6.72	10.96	6.3	10.36	6.32	10.47
dss	−4.52	−3.07	−3.81	−2.6	−3.6	−2.56	−2.89	−2.04	−2.58	−1.81
dsti	−7.94	−5.69	−9.08	−6.45	−7.69	−5.49	−8.24	−6.03	−7.55	−5.43
dtv	−2.02	−4.02	−1.09	−2.26	−1.12	−2.36	−0.98	−2.09	−0.96	−2.02
dwc	6.45	97.43	2.72	67.3	2.64	60.06	2.37	57.1	2.44	57.34
ebp	3.24	3.67	3.2	3.8	3.6	4.43	4.19	5.31	3.87	4.86
ebpq	0.33	0.24	1.09	0.85	0.91	0.74	1.04	0.8	1.26	0.98
em	−2.46	−6	−1.94	−4.94	−1.69	−4.36	−1.54	−4.04	−1.61	−4.26
emq	−2.82	−5.12	−2.12	−4.18	−1.71	−3.38	−1.59	−3.23	−1.68	−3.44
ep	1.98	4.69	1.56	3.84	1.42	3.56	1.29	3.22	1.31	3.23
epq	1.63	2.67	1.46	2.62	1.27	2.37	1.1	2.15	1.17	2.25
etr	−9.08	−3.54	−11.03	−4.37	−11.38	−4.5	−11.16	−4.49	−10.75	−4.36

续表

变量	NN1		NN2		NN3		NN4		NN5	
	λ_f	t 值	λ_f	t 值	λ_f	t 值	λ_f	t 值	λ_f	t 值
gla	1.53	3.44	1.17	2.74	1.07	2.57	1.08	2.58	1.17	2.85
glaq	1.72	4.8	1.3	3.7	1.18	3.38	1.3	3.7	1.22	3.48
gpa	0.89	2.2	0.72	1.82	0.79	2.01	0.71	1.86	0.78	2.05
ia	-4.49	-3.92	-3.77	-3.46	-3.6	-3.34	-3.22	-3	-3.16	-2.9
iaq	-4.12	-4.41	-4.05	-4.53	-3.97	-4.52	-3.98	-4.41	-3.87	-4.35
ir	1.68	3.1	1.82	3.41	1.9	3.63	1.82	3.41	1.96	3.78
isc	-2.98	-1.32	-3.1	-1.43	-3.58	-1.68	-3.36	-1.54	-3.26	-1.51
isff	-10.52	-3.62	-10.27	-3.68	-10.08	-3.73	-9.63	-3.5	-9.77	-3.54
isq	9.28	3.23	9.13	3.47	8.84	3.47	8.02	3.12	7.7	2.93
iv	-0.96	-1.93	-1.73	-3.68	-1.32	-2.86	-1.35	-2.92	-1.31	-2.85
ivc	-2.66	-5.28	-2.64	-5.37	-2.32	-4.97	-2.25	-4.73	-2.24	-4.7
ivff	-6.82	-16.12	-5.28	-12.7	-5.17	-12.79	-5.11	-12.6	-4.96	-12.55
ivg	-1.89	-1.65	-1.05	-1	-0.68	-0.66	-0.42	-0.42	-0.17	-0.16
ivq	-5.44	-11.86	-4.41	-9.92	-4.15	-9.54	-4.12	-9.61	-3.95	-9.34
kz	-1.77	-2.23	-1.11	-1.42	-1.01	-1.31	-0.95	-1.21	-1	-1.29
kzq	7.23	7.22	4.55	4.7	4.22	4.36	4.21	4.43	4	4.25
mdr	-0.68	-1.67	-1.65	-4.27	-1.75	-4.57	-1.69	-4.44	-1.65	-4.38
me	-1.95	-6.53	-0.89	-3.06	-0.94	-3.34	-0.97	-3.41	-0.9	-3.15
ndp	5.6	4.8	6.91	5.85	5.63	4.95	5.61	4.74	5.64	4.93
ndpq	0.77	0.53	3.29	2.66	4.25	3.43	4.51	3.63	4.28	3.44
noa	0.57	0.54	-0.12	-0.12	0.21	0.19	0.22	0.21	0.45	0.43
nop	1.53	1.47	0.42	0.43	-0.02	-0.02	0.01	0.01	-0.3	-0.3

续表

变量	NN1 λ_f	NN1 t 值	NN2 λ_f	NN2 t 值	NN3 λ_f	NN3 t 值	NN4 λ_f	NN4 t 值	NN5 λ_f	NN5 t 值
nopq	6.29	3.69	5.38	3.35	5.66	3.51	5.21	3.43	5.14	3.34
nsi	3.49	1.6	2.43	1.17	2.33	1.12	1.57	0.75	1.54	0.76
ocp	1.87	3.06	0.93	1.54	0.74	1.25	0.64	1.07	0.71	1.21
ocpq	−8.83	−8.94	−7.12	−7.38	−7.01	−7.61	−6.38	−6.89	−6.2	−6.65
ola	0.82	2.39	0.96	2.9	0.91	2.75	0.82	2.57	0.87	2.64
olaq	1.04	3.13	0.97	3.05	0.95	2.98	0.95	3.05	0.95	2.99
ole	0.58	1.69	0.72	2.16	0.76	2.33	0.63	1.92	0.62	1.88
oleq	1.16	3.39	1.06	3.25	1	3.13	0.94	2.92	0.91	2.82
oll	11.76	6.37	7.43	4.26	7.23	4.22	6.96	4.05	6.88	3.98
olq	7.21	3.91	5.72	3.22	4.97	2.78	5.4	3.05	5.3	2.99
op	1.49	1.51	0.43	0.46	0.28	0.31	0.07	0.07	0.03	0.03
opa	0.56	1.97	0.68	2.46	0.66	2.33	0.62	2.29	0.7	2.53
ope	0.21	0.73	0.32	1.13	0.27	0.95	0.27	0.96	0.31	1.09
opq	4.29	4.06	5.4	5.64	5.36	6.02	5.33	5.88	5.29	5.86
pm	1.39	3.48	1.63	4.17	1.51	3.87	1.44	3.76	1.39	3.61
pmq	−0.57	−1.28	−0.14	−0.33	−0.27	−0.67	−0.21	−0.53	−0.17	−0.44
poa	9.68	2.11	10.46	2.37	8.53	1.95	8.12	1.86	8.11	1.88
pps	−3.57	−5.29	−2.86	−4.54	−2.96	−4.77	−3.2	−5.64	−3.14	−5.52
r6	−0.89	−1.43	−0.74	−1.17	−0.65	−1.08	−0.68	−1.13	−0.78	−1.23
r11	−1.07	−2.06	−0.73	−1.55	−0.44	−0.96	−0.63	−1.38	−0.75	−1.63
r1a	8.01	4.94	8.08	6.44	8.21	6.23	8.11	6.07	7.94	5.75
r1n	−0.38	−0.68	−0.64	−1.25	−1.06	−2.13	−0.79	−1.62	−0.98	−1.96

续表

变量	NN1		NN2		NN3		NN4		NN5	
	λ_f	t 值	λ_f	t 值	λ_f	t 值	λ_f	t 值	λ_f	t 值
ra25	4.86	5.52	3.91	4.75	3.71	4.7	3.24	4.21	3.23	4.18
rn25	-0.55	-0.78	-1.08	-1.6	-1.41	-2.12	-1.22	-1.85	-1.36	-2.02
rev	-0.32	-0.29	-0.86	-0.87	-0.69	-0.7	-0.78	-0.79	-0.96	-0.96
rna	1.64	4.45	1.61	4.48	1.5	4.14	1.36	3.76	1.39	3.87
rnaq	1.24	2.8	1.16	2.94	1.08	2.79	1.1	2.8	1.14	2.91
roa	0.59	1.3	0.69	1.68	0.79	1.91	0.68	1.7	0.79	1.96
roe	0.31	0.62	0.44	1	0.33	0.77	0.46	1.09	0.6	1.39
rs	9.19	3.35	9.04	3.76	9.61	4.19	9.85	4.49	9.68	4.37
sg	-1.34	-1.93	-1.36	-2.02	-1.15	-1.71	-1.38	-2.09	-1.08	-1.62
sgq	3.35	1.74	2	1.09	1.15	0.61	1.41	0.8	1.58	0.89
sp	-1.65	-1.32	-1.52	-1.26	-1.59	-1.36	-1.41	-1.19	-1.42	-1.22
spq	3.35	3.77	2.25	2.63	2.15	2.53	1.99	2.36	2.16	2.53
sr	-0.01	0	-0.58	-0.51	-0.39	-0.36	-0.8	-0.73	-0.76	-0.69
srev	-0.03	-0.03	-0.75	-0.84	-0.85	-0.94	-0.73	-0.81	-0.86	-0.96
sue	8.09	2.56	8.98	3	10.61	3.54	11.09	3.83	11.39	3.88
tail	12.38	17.84	11.56	18.09	12.01	18.94	10.91	17.87	10.84	17.72
tan	2.13	81.02	1.33	70.89	1.31	67.71	1.23	53.28	1.21	54.82
tanq	1.75	0.87	0.65	0.32	0.67	0.34	0.81	0.41	0.63	0.32
tbi	-0.45	-0.75	-1.04	-1.73	-0.99	-1.71	-1.05	-1.75	-0.99	-1.62
tbiq	4.38	6.27	3.34	5	3.34	5.04	3.12	4.76	3.28	5.06
tes	6.08	2.54	3.43	1.64	2.75	1.31	3.63	1.75	3.21	1.54
ts	-10.44	-5.89	-8.56	-4.92	-7.87	-4.72	-8.22	-4.8	-7.71	-4.54

续表

变量	NN1		NN2		NN3		NN4		NN5	
	λ_f	t 值	λ_f	t 值	λ_f	t 值	λ_f	t 值	λ_f	t 值
tur	-0.58	-1.55	-0.48	-1.33	-0.59	-1.63	-0.55	-1.54	-0.46	-1.31
tv	-1.95	-6.71	-1.82	-6.25	-1.58	-5.49	-1.48	-5.12	-1.66	-5.84
w52	-2.53	-6.71	-1.99	-5.61	-1.92	-5.73	-1.94	-5.5	-1.88	-5.52
wwq	0.02	0.04	-0.66	-1.6	-0.23	-0.55	-0.43	-1.04	-0.36	-0.87

表 4-7 美股市场 ADML 因子估计结果

变量	NN1		NN2		NN3		NN4		NN5	
	λ_f	t 值	λ_f	t 值	λ_f	t 值	λ_f	t 值	λ_f	t 值
sue	2.95	0.78	2.39	0.66	2.78	0.78	1.24	0.39	2.65	0.75
STR	-0.01	-0.70	0.37	22.24	-0.05	-2.56	0.00	0.13	0.17	9.33
mom6m	2.36	2.19	2.50	2.33	2.17	2.10	2.67	2.85	2.68	2.78
mom36m	-0.94	-50.38	-0.91	-52.40	-0.70	-46.19	-0.59	-38.69	-0.52	-25.13
UMD	6.10	4.49	6.20	4.87	5.73	4.63	5.66	4.62	5.74	4.50
nincr	0.53	0.44	0.62	0.51	0.68	0.57	-0.69	-0.59	0.29	0.25
indmom	1.04	0.63	0.58	0.38	0.79	0.52	1.00	0.65	0.91	0.60
chmom	2.19	1.76	2.67	2.49	2.94	2.94	2.87	2.43	3.12	2.72
rs	2.33	0.79	-0.28	-0.10	0.92	0.33	0.06	0.02	0.10	0.04
aeavol	-5.80	-7.94	-5.37	-7.68	-5.75	-8.21	-5.26	-7.06	-5.12	-6.82
ear	-3.15	-2.97	-3.07	-3.04	-3.04	-3.00	-2.54	-2.52	-2.95	-3.01
rsup	7.05	2.57	6.84	2.51	7.20	2.54	6.81	2.52	7.74	2.87
MktRf	0.50	4.53	0.60	5.54	0.59	5.70	0.60	5.76	0.46	4.23
ep	1.52	7.41	1.37	6.70	1.37	7.09	1.34	6.77	1.32	6.87

续表

变量	NN1		NN2		NN3		NN4		NN5	
	λ_f	t 值	λ_f	t 值	λ_f	t 值	λ_f	t 值	λ_f	t 值
dy	-0.15	-1.67	-0.19	-1.98	-0.19	-1.96	-0.22	-2.44	-0.22	-2.43
LTR	3.17	2.37	3.75	2.80	3.41	2.20	3.77	2.29	3.72	2.10
lev	2.41	4.70	2.11	4.38	1.92	3.90	1.82	3.79	1.90	3.99
depr	0.14	0.62	0.15	0.65	0.19	0.86	0.19	0.87	0.20	0.99
pchdepr	-2.50	-1.07	-2.59	-1.12	-2.29	-0.95	-2.23	-0.93	-2.29	-0.96
HML	1.85	2.43	1.61	2.20	1.21	1.59	1.49	2.11	1.43	1.94
cp	1.42	5.57	1.42	5.51	1.26	4.92	1.27	4.72	1.36	5.23
divi	0.16	0.32	0.17	0.35	-0.05	-0.11	-0.20	-0.42	-0.08	-0.16
divo	-0.06	-0.14	-0.13	-0.34	-0.44	-1.16	-0.41	-1.12	-0.35	-0.97
sp	9.07	5.16	9.56	5.53	8.42	5.20	9.55	5.83	8.92	5.53
bm_ia	3.13	3.51	3.67	4.12	3.39	4.10	3.78	4.64	3.62	4.16
cfp_ia	9.58	5.18	8.56	5.04	8.65	5.42	8.65	5.94	9.24	5.78
cfp	0.49	1.09	0.34	0.78	0.45	1.15	0.42	1.01	0.35	0.87
tb	1.63	2.25	1.18	1.68	1.05	1.38	1.03	1.42	0.79	1.13
op	0.14	0.79	0.10	0.63	0.11	0.65	0.14	0.86	0.18	1.14
nop	0.25	1.61	0.23	1.50	0.23	1.46	0.30	2.04	0.26	1.70
ndp	-1.16	-2.89	-1.02	-2.88	-1.04	-2.71	-0.95	-2.76	-0.91	-2.68
ebp	1.60	3.43	1.23	2.70	1.25	2.85	0.94	2.24	0.94	2.15
cashpr	2.63	3.82	2.12	3.25	1.85	2.62	1.72	2.55	1.76	2.54
em	4.16	2.16	3.13	1.70	4.71	2.49	5.16	2.70	4.53	2.60
HML_Devil	2.26	1.74	1.86	1.48	1.91	1.51	2.03	1.63	1.88	1.49
QMJ	1.12	3.70	0.93	3.18	0.85	2.81	0.62	2.11	0.71	2.31

续表

变量	NN1		NN2		NN3		NN4		NN5	
	λ_f	t 值	λ_f	t 值	λ_f	t 值	λ_f	t 值	λ_f	t 值
acc	5.52	1.99	4.94	1.82	4.96	1.72	6.38	2.40	6.51	2.43
chinv	0.35	0.18	1.11	0.57	2.04	1.09	0.68	0.35	0.72	0.38
chtx	-4.66	-2.91	-6.12	-3.84	-5.66	-3.84	-5.61	-3.83	-5.62	-3.90
grltnoa	5.32	6.04	3.75	4.30	3.39	3.95	3.16	3.50	3.14	3.61
grltnoa_hxz	8.47	3.58	7.96	3.41	7.79	3.44	7.35	3.23	6.89	3.06
rd	-0.23	-0.24	0.72	0.75	0.89	0.95	0.69	0.75	0.62	0.68
cinvest	2.40	1.09	1.87	0.88	2.36	1.21	2.98	1.54	3.13	1.57
cinvest_a	4.33	1.64	4.91	1.79	3.47	1.32	3.42	1.33	3.25	1.23
noa	13.78	5.12	13.20	5.02	13.04	5.33	13.57	5.47	13.69	5.48
dnoa	5.85	4.12	7.64	5.42	7.90	6.00	8.08	5.93	8.61	6.43
egr	-0.02	-0.02	1.02	0.97	0.57	0.55	0.54	0.52	1.02	0.98
lgr	0.97	1.04	1.13	1.28	1.10	1.21	0.72	0.83	0.52	0.59
dcoa	0.10	0.13	1.10	1.42	0.73	1.02	0.92	1.29	1.07	1.55
dcol	-0.26	-0.40	0.44	0.72	0.34	0.55	0.09	0.15	0.18	0.30
dwc	-8.53	-4.47	-7.22	-3.92	-9.06	-5.30	-8.79	-4.75	-8.12	-4.49
dnca	2.77	1.15	2.24	0.94	2.37	0.97	2.03	0.85	2.61	1.08
dncl	1.20	1.07	1.28	1.21	0.99	0.93	1.07	0.97	1.13	1.02
dnco	-0.54	-1.08	-0.41	-0.84	-0.50	-0.99	-0.22	-0.41	-0.01	-0.02
dfin	2.73	0.74	0.47	0.14	1.38	0.41	0.39	0.12	0.38	0.11
ta	-2.45	-0.82	-2.52	-0.94	-3.78	-1.38	-3.17	-1.20	-4.25	-1.57
dsti	-12.42	-2.29	-8.84	-1.76	-9.77	-1.85	-7.64	-1.52	-9.52	-1.81
dfnl	4.73	3.84	3.06	2.59	3.17	2.60	2.72	2.16	2.60	2.06

续表

变量	NN1		NN2		NN3		NN4		NN5	
	λ_f	t 值	λ_f	t 值	λ_f	t 值	λ_f	t 值	λ_f	t 值
egr_hxz	1.38	1.62	2.04	2.49	2.37	2.98	2.28	2.71	2.53	3.15
grcapx	-2.42	-1.23	-0.46	-0.25	-1.44	-0.77	-0.10	-0.06	-0.49	-0.27
pchcapx3	1.34	1.60	1.34	1.64	1.50	1.90	1.51	1.85	1.34	1.68
cei	-0.14	-9.75	-0.27	-12.05	-0.41	-14.55	-0.47	-25.19	-0.36	-19.94
nef	-0.46	-2.41	-0.53	-2.72	-0.49	-2.55	-0.52	-2.81	-0.49	-2.70
ndf	3.66	83.39	3.65	86.24	3.28	69.03	3.36	73.37	3.37	92.01
nxf	1.45	4.79	0.73	2.44	0.72	2.34	0.77	2.60	0.72	2.50
roic	2.31	3.55	1.54	2.57	1.30	2.16	1.28	2.12	1.21	2.04
chcsho	1.75	5.49	1.61	4.82	1.56	4.64	1.66	5.21	1.74	5.62
dpia	8.46	3.21	7.27	2.94	7.35	3.04	7.22	2.93	7.16	2.83
pchcapx	-1.95	-1.47	-0.41	-0.32	0.29	0.23	0.10	0.08	-0.14	-0.11
cdi	0.53	0.42	1.29	1.07	1.79	1.48	2.33	1.88	2.30	1.87
ivg	9.08	5.33	8.22	4.86	8.73	5.22	8.36	5.24	8.22	5.05
poa	4.36	2.33	5.35	2.95	4.77	2.74	4.30	2.51	3.82	2.28
hire	-0.66	-1.12	-0.76	-1.31	-0.40	-0.66	-0.30	-0.56	-0.41	-0.72
CMA	2.78	4.45	2.71	4.38	2.91	4.63	3.03	4.81	3.06	4.92
HXZ_IA	3.86	6.12	2.96	4.89	2.98	4.80	3.32	5.40	3.37	5.45
sgr	-0.01	-0.02	0.42	0.82	0.28	0.54	0.09	0.17	0.33	0.67
cto	-4.86	-3.09	-4.45	-2.90	-4.57	-3.21	-3.97	-2.90	-4.20	-3.06
os	-1.69	-2.58	-1.16	-1.68	-0.50	-0.77	-1.09	-1.63	-0.92	-1.33
zs	2.56	5.01	2.31	4.78	1.91	4.01	2.13	4.36	2.01	4.24
ps	-0.46	-0.62	-1.21	-1.61	-1.41	-1.97	-1.97	-2.78	-1.76	-2.32

续表

变量	NN1		NN2		NN3		NN4		NN5	
	λ_f	t 值	λ_f	t 值	λ_f	t 值	λ_f	t 值	λ_f	t 值
chempia	1.47	0.73	0.53	0.30	1.92	1.09	1.50	0.85	1.03	0.58
ms	1.97	2.05	1.74	1.88	1.33	1.45	1.37	1.44	1.48	1.61
rna	-0.28	-0.65	-0.37	-0.98	-0.36	-0.99	-0.53	-1.48	-0.35	-0.95
pm	-0.67	-1.71	-0.91	-2.40	-0.93	-2.40	-0.84	-2.13	-0.81	-2.12
ato	-0.34	-0.51	-0.79	-1.51	-0.77	-1.31	-0.73	-1.38	-0.69	-1.28
chatoia	8.53	7.46	8.16	7.41	8.67	8.38	8.11	7.93	8.22	8.01
chpmia	0.03	0.03	-1.00	-1.05	-0.70	-0.70	-0.77	-0.82	-0.97	-1.00
roaq	-2.51	-2.95	-1.88	-2.13	-1.38	-1.72	-1.29	-1.58	-1.38	-1.68
gma	2.33	1.68	2.03	1.56	1.50	1.11	1.62	1.23	1.26	0.98
RMW	3.58	5.42	3.21	5.04	2.90	4.46	2.84	4.36	3.11	4.98
HXZ_ROE	3.13	3.83	3.29	4.22	3.28	4.06	3.18	4.12	2.90	3.83
cashdebt	-5.53	-4.86	-4.51	-4.01	-4.60	-4.15	-4.07	-3.81	-3.94	-3.73
currat	-0.14	-0.50	0.01	0.04	0.02	0.08	0.03	0.13	0.07	0.27
pchcurrat	17.62	3.72	16.83	3.48	16.50	3.46	15.82	3.48	16.19	3.53
pchquick	-3.94	-0.94	-6.71	-1.60	-7.47	-1.84	-9.67	-2.41	-8.02	-1.98
pchsaleinv	5.94	9.81	7.31	11.82	7.67	11.71	8.09	12.75	7.85	12.80
quick	-0.76	-3.01	-0.93	-3.90	-0.96	-3.77	-1.01	-4.27	-0.86	-3.44
salecash	-0.54	-1.96	-0.51	-1.85	-0.49	-1.97	-0.42	-1.60	-0.35	-1.38
saleinv	1.43	2.63	1.61	3.01	1.68	3.13	1.54	2.81	1.44	2.67
salerec	0.56	1.39	0.09	0.23	0.12	0.31	0.11	0.27	0.13	0.34
pchgm_pchsale	-6.69	-4.81	-5.29	-3.78	-6.29	-4.41	-5.43	-3.59	-5.35	-4.02
pchsale_pchinvt	8.71	5.34	9.85	6.33	10.91	7.09	11.15	7.11	11.64	7.72

续表

变量	NN1		NN2		NN3		NN4		NN5	
	λ_f	t 值	λ_f	t 值	λ_f	t 值	λ_f	t 值	λ_f	t 值
pchsale_pchrect	1.68	0.82	1.26	0.62	1.63	0.78	1.57	0.80	1.53	0.73
pchsale_pchxsga	1.54	-0.94	-0.85	-0.53	-1.43	-0.95	-0.24	-0.15	-0.07	-0.05
etr	-1.03	-0.45	-0.84	-0.41	-0.92	-0.40	-1.60	-0.69	-1.19	-0.48
lfe	-13.04	-5.37	-13.13	-5.37	-11.92	-4.78	-11.62	-4.89	-11.46	-4.68
pchcapx_ia	2.88	1.45	2.89	1.57	2.95	1.63	2.84	1.46	2.95	1.48
adm	-3.62	-2.97	-3.88	-3.11	-3.30	-2.29	-3.17	-2.43	-3.24	-2.54
rdm	0.99	1.79	1.05	1.94	1.04	1.98	0.75	1.44	1.14	2.30
rds	0.17	0.35	0.02	0.05	-0.06	-0.12	-0.12	-0.25	-0.25	-0.56
kz	3.48	5.14	2.98	4.56	2.85	4.51	2.35	3.59	2.61	4.01
ob_a	0.31	0.32	-0.01	-0.01	0.07	0.09	0.24	0.27	-0.19	-0.26
roavol	-0.45	-3.61	-0.49	-3.94	-0.43	-3.69	-0.42	-3.42	-0.43	-3.53
pricedelay	0.33	0.39	1.42	1.75	1.12	1.48	1.10	1.37	1.13	1.42
age	-0.67	-2.78	-0.75	-3.19	-0.79	-3.51	-0.76	-3.31	-0.67	-2.97
herf	-1.78	-1.01	-1.79	-1.07	-1.71	-0.98	-1.30	-0.76	-0.78	-0.45
ww	-1.71	-4.27	-1.12	-3.37	-1.18	-3.19	-1.13	-2.97	-1.20	-3.26
tang	-0.61	-1.38	-1.20	-2.91	-1.19	-2.89	-1.08	-2.60	-0.97	-2.25
moms12m	0.84	0.67	1.16	1.00	0.90	0.78	0.90	0.80	1.11	0.98
absacc	-2.22	-4.44	-2.18	-4.51	-2.24	-4.58	-2.03	-4.15	-1.88	-3.85
invest	7.48	2.91	7.35	3.02	6.55	2.65	7.09	3.05	7.16	2.90
realestate_hxz	1.94	1.36	1.85	1.42	1.42	1.03	1.43	1.07	1.44	1.06
pctacc	0.85	0.34	-1.03	-0.44	-0.75	-0.32	-1.96	-0.79	-2.29	-0.97
ol	3.07	98.26	2.29	69.16	2.53	68.84	2.56	72.51	2.53	64.64

续表

变量	NN1		NN2		NN3		NN4		NN5	
	λ_f	t 值	λ_f	t 值	λ_f	t 值	λ_f	t 值	λ_f	t 值
cash	-0.46	-1.65	-0.45	-1.57	-0.49	-1.89	-0.46	-1.82	-0.39	-1.57
orgcap	0.55	0.70	0.54	0.77	0.77	1.01	0.85	1.16	0.77	1.08
gad	-0.04	-0.02	-0.47	-0.19	0.52	0.21	0.09	0.03	0.11	0.05
ala	0.56	1.25	-0.09	-0.21	-0.09	-0.21	-0.16	-0.38	-0.13	-0.31
convind	-2.45	-3.86	-1.90	-3.05	-1.94	-3.11	-1.66	-2.76	-1.75	-2.91
beta	0.01	0.11	-0.05	-0.60	-0.04	-0.50	-0.06	-0.64	-0.08	-0.90
pps	1.30	3.60	0.90	2.26	1.18	2.83	1.16	2.77	1.11	2.85
baspread	-0.15	-1.33	-0.19	-1.68	-0.13	-1.11	-0.18	-1.65	-0.19	-1.67
SMB	1.80	5.18	1.49	4.34	1.63	4.30	1.48	3.92	1.35	4.16
IPO	0.11	0.36	0.18	0.61	0.47	1.55	0.27	0.87	0.37	1.19
turn	-0.15	-1.10	-0.11	-0.78	-0.07	-0.49	-0.05	-0.36	-0.12	-0.83
mve_ia	3.28	4.24	2.82	3.79	2.98	3.93	3.22	4.13	2.68	3.66
dolvol	-0.07	-0.26	-0.20	-0.83	-0.18	-0.71	-0.18	-0.72	-0.16	-0.65
std_dolvol	5.12	2.43	5.59	2.62	5.30	2.94	5.38	2.49	4.75	2.12
std_turn	0.17	1.10	0.27	1.61	0.25	1.59	0.22	1.36	0.12	0.77
ill	0.98	1.23	-0.22	-0.29	-0.22	-0.27	-0.61	-0.76	-0.63	-0.78
LIQ_PS	2.90	4.13	2.20	3.13	2.65	3.91	3.12	4.63	2.96	4.33
idiovol	0.27	2.58	0.32	2.90	0.29	2.82	0.25	2.42	0.23	2.32
retvol	-0.08	-0.61	-0.09	-0.71	-0.10	-0.80	-0.05	-0.44	-0.04	-0.37
zerotrade	-0.11	-1.04	-0.03	-0.28	-0.03	-0.24	-0.06	-0.52	-0.08	-0.79
sin	1.40	1.59	1.15	1.40	1.45	1.76	1.43	1.74	1.20	1.45
stdcf	1.19	3.42	0.87	2.50	0.93	2.55	0.99	2.80	1.03	3.02

续表

变量	NN1		NN2		NN3		NN4		NN5	
	λ_f	t 值	λ_f	t 值	λ_f	t 值	λ_f	t 值	λ_f	t 值
stdacc	1.29	3.44	1.13	2.92	1.33	3.72	1.18	3.28	1.08	2.94
maxret	0.01	0.08	0.05	0.30	0.07	0.43	0.05	0.29	0.04	0.25
BAB	1.87	2.31	1.78	2.26	1.91	2.46	1.89	2.47	2.28	3.03
Intermediary	−0.36	−3.57	0.00	0.00	−0.10	−1.00	−0.05	−0.56	−0.09	−0.90

此外，与博彩效应有关的因子，如采用 Fama 和 French（1993）三因子模型计算的异质性波动率（ivff）、特质性偏度（isff）以及最高日度收益（mdr），在解释中国股票市场的截面预期收益方面都很重要。相比之下，相关的彩票类因子，如 mdr 在美国股市中的解释能力则较弱。中国股市中大量交易由散户而非机构投资者主导（Liu, Stambaugh, and Yuan, 2019），同时市场的做空交易手段比起美国股票市场更加有限，这进一步加剧了市场的套利限制（Chang, Luo, and Ren, 2014），使得投资者行为导致的错误定价更可能持续存在，我们的实证研究结果也验证了 A 股市场广泛存在的博彩偏好。

最后，我国 A 股市场上基于情绪的因子，如一个月的异常换手率（abtur），具有强大的市场定价能力。相比之下，与换手率有关的因子在解释美国股市的横截面收益时并不显著。高换手率来自情绪驱动的投资者对股票的乐观态度（Baker and Stein, 2004）。数量庞大的情绪驱动的交易者和卖空限制也加强了我国 A 股市场中换手率相关因子的定价能力，使得高换手率股票的价格由于高情绪而高于基本面，降低了其期望收益。我们的 ADML 模型可以很好地识别这些因子，同时也支持 Liu，Stambaugh 和 Yuan（2019）的结果，即换手率是我国 A 股市场上的一个重要因子。

4.4　小　结

与传统的机器学习方法相比，双重选择 LASSO 和 ADML 方法可以消除正则化和过拟合导致的系数估计量的偏误，因而可以用于在高维数据环境下进行标准统计推断。数值模拟中，ADML 方法的系数估计量呈现无偏的、渐近正态的分布。使用 ADML 方法，在允许随机贴现因子存在非线性结构的条件下，我们发现美股市场在不同时期有 30~50 个因子在控制其他因子的情况下依然是具有显著定价能力的。使用中国 A 股市场数据进行的实证分析也发现了大量显著因子，表明传统资产定价模型中的稀疏性假设可能无法满足，这一点也支持了 Kozak，Nagel 和 Santosh（2020）的研究结论。我们的发现对于调整超参数，如样本分割的子集数量、神经网络隐藏层数和使用不同的测试资产集都具有稳健性。

第四章附录

一、中国 A 股市场主流定价因子构造方法

1. Fama-French 六因子

Fama 和 French（2015）在著名的三因子模型中（Fama and French，1993）添加了两个额外的因子 CMA 和 RMW，提出了五因子模型。CMA 是低投资股票的平均收益减去高投资股票的平均收益的值。RMW 是高运营盈利能力股票的平均收益减去低运营盈利能力股票的平均收益的值。Fama 和 French（2018）进一步增加了第六个动量因子 UMD，以控制 Jegadeesh 和 Titman（1993）发现的动量效应。UMD 是赢家投资组合和输家投资组合的收益差。

我们用全部 A 股股票（剔除 30% 市值最小的股票）的市值加权收益率减去一年期存款利率来计算市场因子 MKT。我们根据规模和相应特征对股票进行 2×3 的独立排序来构建其他因子。规模是上个月的总市值。B/M 是每年年底的账面价值除以总市值，其中账面价值是总股东权益（CSMAR 资产负债表项目 "A003000000"）减去优先股的账面价值（CSMAR 资产负债表项目 "A003112101"）。投资是以 I/A 衡量的，即总资产（CSMAR 资产负债表项目 "A001000000"）的年度变化除以上一年的总资产。运营盈利能力是以 ROE 衡量的，即在

每年年底，用特殊项目前收入除以账面价值，其中特殊项目前收入是营业利润（CSMAR 损益表项目"B001300000"）减去税费支出（CSMAR 损益表项目"B002100000"）。股票在月份 t 的动量 mom，是其在月份 $t-12$ 至 $t-2$ 期间的累积收益率。累积收益率是通过现金股利再投资的月度收益率计算的。

在 t 年的 6 月底，我们按照市值的中位数将股票分为两组。在 $t-1$ 年年底，我们根据 B/M、I/A 和 ROE 的 30% 和 70% 分位数将股票分为三组。通过交叉分组，我们得到了六个规模-B/M 组合，六个规模-I/A 组合和六个规模-ROE 投资组合。我们将每个投资组合持有一年，并计算其从 t 年 7 月到 $t+1$ 年 6 月的收益。HML 是两个高 B/M 投资组合和两个低 B/M 投资组合的平均收益之差。CMA 是两个低 I/A 投资组合和两个高 I/A 投资组合的平均收益之差。RMW 是两个高 ROE 投资组合和两个低 ROE 投资组合的平均收益之差。对于每个 2×3 排序的投资组合，我们计算三个小规模投资组合和三个大规模投资组合的平均收益之差。SMB 是这三个差额的简单平均值。最后，为了构造 UMD，我们在每个月底按照规模和动量将股票划分为六个投资组合。UMD 是两个高市值的动量投资组合和两个低市值的动量投资组合的平均收益之差。

2. Hou，Xue 和 Zhang（2019）Q5 因子

Hou，Xue 和 Zhang（2015）提出了著名的四因子 Q 模型，Hou 等（2021）将其扩展为五因子 Q 模型，其因子包括 MKT、R_{me}、ROE、

I/A 和 R_{Eg}。与 Fama-French 因子一致，R_{me}、ROE 和 I/A 分别对应 SMB、RMW 和 CMA。然而，它们是基于 Q 理论而非现金流贴现推导而来的。第五个因子 R_{Eg} 描述的是预期投资增长。

我们按照之前的描述计算规模和 I/A。在每个季度末，ROE 是特殊项目前收入除以滞后一个季度的账面价值（CSMAR 资产负债表项目"A003000000"），其中特殊项目前收入是营业利润（CSMAR 损益表项目"B001300000"）减去税费支出（CSMAR 损益表项目"B002100000"）。用于构建 R_{Eg} 的排序变量 E_{ig} 取决于四个特征变量：托宾 Q 的对数、经营现金流与资产之比、ROE 的变动和 I/A 的变动。托宾 Q 是市值（CSMAR 月度股价与收益项目"Msmvttl"乘以 1 000）加上长期借款（CSMAR 资产负债表项目"A002201000"）和短期借款，再除以公司总资产（CSMAR 资产负债表项目"A001000000"）调整的短期借款。我们用应付票据（CSMAR 资产负债表项目"A002107000"）和非流动负债的到期部分（CSMAR 资产负债表项目"A002125000"）之和衡量短期借款。经营现金流与资产之比＝总收入（CSMAR 损益表项目"B001100000"）－已售商品成本（CSMAR 损益表项目"B001201000"）－（销售费用+一般费用+管理费用）（CSMAR 损益表项目"B001209000"加上"B001210000"和"B001211000"）－应收账款的变动（CSMAR 资产负债表项目"A001111000"）－存货的变动（CSMAR 资产负债表项目"A001123000"）－预付费用的变动（CSMAR 资产负债表项目"A001112000"）+应付账款的变动（CSMAR 资产负债表项目"A002108000"）+应计费用的变动，所有项目均按照账面资产（CSMAR 资产负债表项目"A001000000"）调整。应计费用是应付员工福利（CSMAR 资产负债表项目"A002112000"）、应交税费（CSMAR 资产负债表项目"A002113000"）、应付利息（CSMAR 资产负债表项目"A002114000"）、应付股利（CSMAR 资产负债表项目"A002115000"）的总和。ROE 和 I/A 的变化是计算出的 ROE 或 I/A 减去其四个季度前的值。在计算这四个特征变量时，所有缺失值都设为零。在每个月月底，我们确保这些特征值是最近可获得的，这意味着它们都是由最新财务报告中公布的会计项目构建的。接下来，我们在横截面上将所有特征变量在 1% 和 99% 水平上缩尾，并在 t 月以 120 个月的滚动窗口（要求至少 25 个月是非缺失的）用 I/A 的变动对托宾 Q 的对数、经营现金流与资产之比和 ROE 的变动做回归（使用月度规模作为权重）。然后，$t+12$ 月的 E_{ig} 用 t 月的估计斜率与 $t+12$ 月的相应特征变量的乘积之和计算。

在 t 年的 6 月底，我们将股票按照规模中位数分为两组，每组股票按照 I/A 的第 30 和 70 百分位数再分为三组。之后，再按照 ROE 的第 30 和 70 百分位数将股票分为三组。这样，我们每个月获得了 18 个投资组合，可以计算它们在下个月的市值加权收益率。每个投资组合每月进行重新调整。R_{me} 是九个小规模投资组合与九个大规模投资组合的平均收益之差。ROE 是六个高 ROE 投资组合与六个低 ROE 投资组合的平均收益差。I/A 是六个低 I/A 投资组合与六个高 I/A 投资组合的平均收益差。对于 R_{Eg}，我们在每个月月底用规模和 E_{ig} 独立排序构造六个投资组合。R_{Eg} 用两个高规模 E_{ig} 投资组合与两个低规模 E_{ig} 投资组合的平均收益之差计算。

3. Stambaugh 和 Yuan（2017）SY-4 因子

Stambaugh 和 Yuan（2017）并不是根据特定的特征变量对股票进行排序来构建定价因子，而是综合了股票相对于 11 个已记录的异象的排名。除了市值和市场因子外，他们增加了两个新因子，MGMT 和 PERF（用被低估股票和被高估股票之间的收益之差计算）。

MGMT 和 PERF 都是由一组异象构建的。构造 MGMT 的异象包括净股票发行、综合权益发行、应计项目、净营运资产、资产增长和投资资产比例。构造 PERF 的异象包括困境、O-评分、动量、毛利润溢价和资产收益率。对于每一个异象，我们将股票按百分位数排名，并取其在群体内的平均排名。高排名对应低预期收益率。

在每个月月底，我们根据规模中位数将股票分为两组。我们分别根据两个群体的平均排名的第 20 和 80 百分位数将股票分为三组。这样，我们每个月获得六个规模-MGMT 投资组合和六个规模-PERF 投资组合。我们计算它们在下个月的市值加权收益率，并在下个月月底重新调整投资组合。MGMT 是两个低 MGMT 投资组合和两个高 MGMT 投资组合的平均收益之差。同样，PERF 是两个低 PERF 投资组合和两个高 PERF 投资组合的平均收益率之差。最后，对于规模-MGMT 组合或规模-PERF 组合，我们计算小市值投资组合与大市值投资组合之间的平均收益之差。SMB 是这两个收益率之差的简单平均。

4. Daniel，Hirshleifer 和 Sun（2020）DHS-3 因子

Daniel，Hirshleifer 和 Sun（2020）在资本资产定价模型的基础上增加了另外两个行为因子，提出了一个新模型。融资因子 FIN 描述了由投资者过度自信所引起，并被管理者发行或回购股票决策所利用的长期定价偏差。盈余公告后漂移因子 PEAD 描述了由投资者注意力有限和对预期外收入的反应不足引起的短期定价错误。

FIN 由两个异象构造而成，即净股票发行和五年期综合股票发行。t 年的净股票发行用 t 年底的拆分调整后的总流通股（CSMAR 月度股价和收益项目 "Msmvttl" 乘以 1 000 除以 "Mclsprc"，取对数）减去 $t-1$ 年年底的拆分调整后的总流通股（取对数）计算。t 年的综合股票发行为市场价值的五年增长（取对数）减去五年股票累计收益（取对数）。Daniel，Hirshleifer 和 Sun（2020）并没有遵循传统方法进一步发展 FIN 因子。相反，他们将股票按照净股票发行的第 30 和 70 百分位数分为三组，然后根据综合股票发行的第 20 和 80 百分位数将股票再分为三组。净股票发行和综合股票发行极低的股票被归类为低 FIN 投资组合，净股票发行和综合股票发行极高的股票被归类为高 FIN 投资组合，其他股票被归类为中等 FIN 投资组合。然而，在实践中，我们发现低 FIN 投资组合中的股票很少。因此，我们不使用这个方法，而是使用之前提到的平均排名方法。

PEAD 由四天的累积异常收益构造而成，用从财务报告发布日期前两个交易日到财务报告发布日期后一个交易日的异常收益之和

（CSMAR 报告发布日期项目"Annodt"）计算。注意，在中国，企业通常在财务报表中公布其盈余。异常收益定义为日度收益减去市值加权的市场日度收益。此外，参考 Hou 等（2019）的观点，我们还考虑了另一个异象，即标准未预期盈余，这是用拆分调整后的季度每股收益（CSMAR 报表发布日期项目"Eranb"）相对于四个季度前的变动除以该值在过去八个季度的标准差计算的。由于缺乏足够的季度数据，在 2004 年之后，我们只要求有至少六个季度的非缺失值来计算该异象。同样，我们分别对两个异象排序找出股票的百分位数，然后取平均值。

在 t 年的 6 月底，我们根据规模中位数将股票分为两组，再根据 FIN 异象的平均排序的第 30 和 70 百分位数，将股票分为三组，每月获得六个规模-FIN 投资组合。持有这些投资组合一年，并计算从 t 年 7 月到 $t+1$ 年 6 月的市值加权收益。FIN 是两个低 FIN 投资组合和两个高 FIN 投资组合的平均收益之间的差额。在每个月月底，我们根据规模中位数将股票分为两组，再根据 PEAD 异象的平均排名的第 30 和 70 百分位数将股票分为三组，每月获得六个规模-PEAD 组合。我们计算下个月的市值加权收益，PEAD 是两个高 PEAD 投资组合和两个低 PEAD 投资组合的平均收益之差。

二、数值模拟过程

首先模拟 C_f 并构造因子关系，然后使用这些因子模拟收益和预期收益。具体的流程可分为以下两个步骤：

第一步：模拟测试因子 C_g 和控制因子 C_h。

（1）模拟有用的控制因子：$C_{h1}(n\times4)$ 独立于多元正态分布；

（2）基于有用的控制因子模拟冗余和无用的控制因子：采用 $n\times$ $(p-4)$ 多元正态分布模拟 C_ϵ。并计算 $C_{h2}=\iota_n\theta_0^T+C_{h1}\theta_1^T+C_\epsilon$，$\theta_1$ 的非零元素对应冗余的因子，而零元素对应无用的因子。

（3）基于控制因子模拟测试因子 C_g：采用多元正态分布模拟 C_e 并计算 $C_g=\iota_n\xi+C_hX^T+C_e$，$C_h=(C_{h1}:C_{h2})$。

第二步：模拟预期收益 $E_{(rt)}$ 及收益 r_t。

（1）通过 $E_{(rt)}=\iota_nr_f+g(C_g,C_h)$ 计算 $E_{(rt)}$，其中 $g(\cdot)$ 可以是任何函数形式，在此设定 $g(C_g,C_h)=\lambda_{g1}C_{g1}+\lambda_{gh}C_{g1}C_{h1}+\lambda_hC_h$。

（2）模拟收益 $r_t=E_{(rt)}+u_t$，其中 u_t 服从自由度为 5 的 t 分布。

蒙特卡罗试验的总数是 2 000 次。Fama-French 五因子用来校准五个有用的因子。X 由 C_g 对 C_h 的 OLS 回归的估计系数得到。λ 由 $\bar{r}$ 对 C_g 和 C_h 的 OLS 回归的估计系数得到。设定参数 $p=75$、100、125，测试资产数 $n=150$、300、450，时间序列长度 $T=240$、360、480。

三、附表

附表 4-1　美国股票市场因子列表

面板 A: 动量因子			
sue	预期外盈利	indmom	行业动量
STR	1 个月动量	chmom	6 个月动量变动
mom6m	6 个月动量	rs	预期外收入

续表

mom36m	36 个月动量	aeavol	异常的盈余公告量
UMD	动量	ear	盈余公告收益
nincr	盈余增长次数	rsup	预期外收入

面板 B：价值 Versus 增长因子

MktRf	市场超额收益	bm_ia	行业调整的账面市值比
ep	收益价格比	cfp_ia	行业调整的现金流价格比
dy	股利价格比	cfp	现金流价格比率
LTR	长期反转	tb	税收收入账面收入比
lev	杠杆率	op	股息（含回购）收益率
depr	折旧/固定资产	nop	净股息（含回购）收益率
pchdper	折旧的变化百分比	ndp	净负债价格比
HML	账面市值比高减低	ebp	企业账面市值价格比
cp	现金流价格比	cashpr	现金生产率
divi	股息启动	em	企业倍数
divo	股息遗漏	HML_Devil	Asness 和 Frazzini（2013）调整的账面市值比高减低
sp	销售额价格比	QMJ	高质量股票收益率减垃圾股收益率

面板 C：投资因子

acc	营运资本应计	dsti	短期投资变动
chinv	库存变动	dfnl	金融负债变动
chtx	税收支出变动	egr_hxz	账面价值变动
grltnoa	长期净营运资产增长	grcapx	资本支出增长
grltnoa_hxz	长期净营运资本变动	pchcapx3	3 年投资增长
rd	研发增长	cei	复合股发行
cinvest	企业投资	nef	净股本融资
cinvest_a	异常企业投资	ndf	净债务融资
noa	净营运资产	nxf	净外部融资

续表

dnoa	净营运资产变动	roic	投资资本收益
egr	普通股价值增长	chcsho	流通股变动
lgr	长期负债增长	dpia	固定资产和存货变动
dcoa	当期运营资产变动	pchcapx	投资增长
dcol	当期运营负债变动	cdi	复合债务发行
dwc	非现金运营资本变动	ivg	存货增长
dnca	非流动运营资产变动	poa	运营应计百分比
dncl	非流动运营负债变动	hire	员工增长率
dnco	净非流动运营资产变动	CMA	保守投资减激进投资
dfin	净金融资产变动	HXZ_IA	Hou, Xue 和 Zhang（2015）投资因子
ta	总应计		

面板 D：盈利因子

sgr	销售增长	pm	利润率
cto	资本周转率	ato	资产周转率
os	Ohlson O-评分	chatoia	行业调整的资产周转率
zs	Altman Z-评分	chpmia	行业调整的利润率
ps	财务报告评分	roaq	资产收益率
chempia	行业调整的员工变动	gma	毛利率
ms	财务报告评分	RMW	稳健减弱
rna	净营运资产收益	HXZ_ROE	Hou, Xue 和 Zhang（2015）权益收益率因子

面板 E：无形因子

cashdebt	现金流债务比	kz	Kaplan-Zingales 指数
currat	流动比率	ob_a	未交货订单
pchcurrat	流动比率百分比变动	roavol	盈余波动率
pchquick	速动比率百分比变动	pricedelay	价格延迟

续表

pchsaleinv	销售存货比率百分比变动	age	自首次被 Compustat 覆盖以来的年数
quick	速动比率	herf	行业集中度
salecash	销售额现金比	ww	White-Wu 指数
saleinv	销售额存货比	tang	债务容量 / 企业有形资产
salerec	销售额应收账款比	moms12m	周期性
pchgm_pchsale	毛利率变化百分比-销售额变化百分比	absacc	绝对应计额
pchsale_pchinvt	销售额变化百分比-存货变化百分比	invest	资本支出和存货
pchsale_pchrect	销售额变化百分比-应收账款变化百分比	realestate_hxz	行业调整的房地产比率
Pchsale_pchxsga	销售额变化百分比-销售费用和管理费用变化百分比	pctacc	应计百分比
etr	有效税率	ol	运营杠杆
lfe	劳动力效率	cash	持有现金
pchcapx_ia	行业调整的资本支出变动百分比	orgcap	组织资本
adm	广告费用市值比	gad	广告支出增长
rdm	研发费用市值比	ala	账面资产流动性
rds	研发费用销售额比	convind	可转换的债务指标

面板 F: 交易摩擦因子

beta	beta 值	LIQ_PS	流动性
pps	收盘价	idiovol	个体异质性波动率
baspread	买卖价差	retvol	收益波动率
SMB	小减大	zerotrade	零交易天数
IPO	新股发行	sin	罪恶股
turn	股票换手率	stdcf	现金流波动率

续表

mve_ia	行业调整的规模	stdacc	应计波动率
dolvol	美元交易量	maxret	最大日收益率
std_dolvol	美元交易量波动率	BAB	对赌市场 beta
std_turn	股票换手率波动率	Intermediary	中介风险因素
ill	非流动性		

四、附图

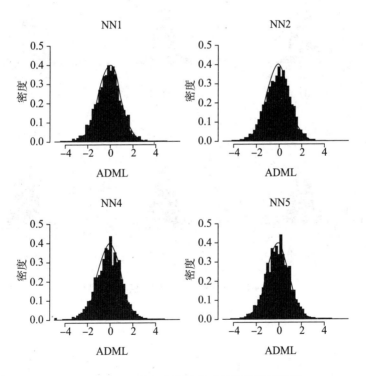

附图 4-1　不同神经网络隐藏层的数值模拟结果

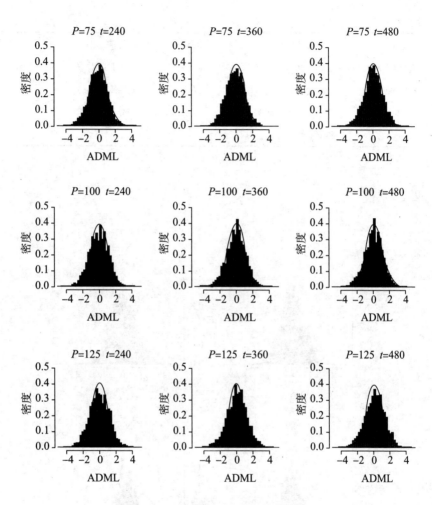

附图 4-2 不同参数设定的数值模拟结果

第五章　资产收益率样本外预测

　　本章介绍资产定价领域的另一个核心研究问题，即横截面收益率的样本外预测，以及机器学习方法在其中的应用。5.1 节介绍利用线性预测模型和非参数组 LASSO 等非线性模型对横截面收益率的预测方法。5.2 节介绍中国 A 股市场的数据样本和公司特征变量选择。5.3 节介绍这些机器学习方法在中国股票市场中样本内和样本外的实证应用表现。5.4 节使用预测组合、主成分分析和偏最小二乘法等对单个特征预测值进行聚合，并给出了调整样条函数节点数和滚动窗宽两种稳健性检验的结果。这些实证发现强调了非线性模型在特征变量选择和收益预测中的重要性。5.5 节给出了本章小结。

5.1　样本外预测方法

　　我们的目标是识别那些能够为个股的预期收益提供增量预测信息的特征。严格来讲，我们将公司 i 在时间 t 的 J 个特征列入表中，分别表示为 $z_{i,jt}$，$j=1,2,\cdots,J$。同时，我们将该公司股票在相邻的下一个时期内的超额收益表示为 $r_{i,t+1}$。我们将超额收益的条件平均数建模为以 J 个特征为自变量的函数 m_t：

$$m_t(z_{i,1t}, z_{i,2t}, \cdots, z_{i,Jt}) = E[r_{i,t+1} \mid z_{i,1t}, z_{i,2t}, \cdots, z_{i,Jt}] \qquad (5\text{-}1)$$

函数 m_t 可以建模为线性函数，也可以建模为具有非线性形式的更灵活的函数。为了便于估计并遵循文献惯例，我们假设 m_t 对其输入量采取相加形式，例如：

$$m_t(z_{i,1t}, z_{i,2t}, \cdots, z_{i,Jt}) = \sum_{j=1}^{J} m_{t,j}(\tilde{z}_{i,jt}) \qquad (5\text{-}2)$$

值得注意的是，我们已经将每个特征都进行了标准化，标准化后的特征记为 $\tilde{z}_{i,jt}$，其横截面均值为 0，标准差为 1。标准化的 $\tilde{z}_{i,jt}$ 衡量的是个股特征相对于股票市场平均值的偏差，其大小在不同的特征之间具有可比性。此外，$\tilde{z}_{i,jt}$ 的分布在时间上是平稳的，而 $z_{i,jt}$ 的分布可能是非平稳的。

（一）线性模型

我们从条件预期收益的线性模型开始，即 $m_{t,j}(\tilde{z}_{i,jt}) = \beta_{jt} \tilde{z}_{i,jt}$，$\forall j$。可使用以下回归方程估计个股的超额收益：

$$r_{i,t+1} = \alpha_t + \sum_{j=1}^{J} \beta_{jt} \tilde{z}_{i,jt} + \epsilon_{i,t+1}, \ i = 1, 2, \cdots, N_t; \quad j = 1, 2, \cdots, J \ (5\text{-}3)$$

对于这种线性模型，可以通过相应的截面回归得到估计系数 (α_t, β_{jt})。此外，如果线性函数是不随时间改变的，即 $m_{t,j}(\tilde{z}_{i,jt}) = \beta_j \tilde{z}_{i,jt}$，我们就可以进一步地跨时间汇集观测值，以获得更精确的线性函数估计，从而获得更可靠的预测。在后面的实证分析中，我们估计了 2000—2019 年整个样本期内的条件收益均值函数，并从一系列滚动的估计窗口中研究了条件收益均值函数随时间的潜在变化。

利用上述确定的线性条件均值函数，识别收益预测特征的第一种简单方法是在多元回归中找出所有具有显著斜率系数的特征。然而，这会导致多重假设检验问题，并且随着被检验特征数量的增加，可能会产生严重的错误发现。例如，如果我们使用相同的数据对 100 个特征进行双边 t 检验，I 型错误的可能性就会增加，我们就更可能错误地识别不重要的特征。为了解决这个问题，一种方法是遵循 Harvey，Liu 和 Zhu（2016）的观点，在使用相同数据进行多个 t 检验的情况下，采用更高的 $t>3$ 的临界值来保持 95%的显著性水平。另一种方法是使用 Benjamini 和 Yekutieli（2001）的 p 值调整，该方法基于多重检验中所有 p 值的联合分布去除了看似显著的变量。

识别收益预测特征的第二种方法是通过 LASSO（Tibshirani，1996）估计上述线性回归，将某些特征的系数收缩到零以实现模型稀疏性。LASSO 在被设计为一个有惩罚的回归的同时还实现了变量选择，有助于区分显著和不显著的特征。具体地说，LASSO 回归求解 $\beta_t = \{\beta_{jt}\}$，$j = 1, 2, \cdots, J$ 为：

$$\hat{\beta}_t^{LASSO} = \arg\min_{\beta} \sum_{i=1}^{N_t} (r_{i,t+1} - \beta_{0t} - \sum_{j=1}^{J} \beta_{jt} \tilde{z}_{i,jt})^2 + \lambda \sum_{j=1}^{J_t} |\beta_{jt}| \quad (5\text{-}4)$$

其中，第一项是残差平方和，第二项是回归系数绝对值之和的 L^1 惩罚，λ 控制惩罚的强度，从而控制稀疏度，而稀疏度可以通过标准信息准则［如贝叶斯信息准则（BIC）］或交叉验证来确定。为了确保所有模型之间可以进行平等的比较，我们按照 Freyberger，Neuhierl 和

Weber（2020）的方法使用 BIC 来确定实证分析中考虑的所有线性和非线性模型的超参数。对于给定的 λ，可用 Efron 等（2004）的最小角算法（least angle algorithm）或 Friedman 等（2007）的坐标下降算法（coordinate descent algorithm）有效地求解 LASSO 估计量 $\hat{\beta}_t^{LASSO}$。

正如 Zou（2006）指出的，LASSO 回归不具有"预言性"，因此模型选择不一致。也就是说，它不会渐进地以概率为 1 选择出真实的模型。将权重设为第一阶段 LASSO 回归系数估计值的函数，基于这样的权重在第二阶段重新估计 LASSO 回归可以解决这个问题。将 $\widehat{\beta}_{jt}$ 表示为第一阶段估计，Zou（2006）建议使用 $w_j = 1/|\widehat{\beta}_{jt}|^{\gamma}$ 作为对 $|\beta_{jt}|$ 进行加权的权重，并将两阶段过程命名为"自适应 LASSO"。我们遵循了这个建议并在实证分析中设置 $\gamma = 1$。

识别预测收益特征的第三种方法是弹性网络回归，它是 LASSO 的一种变体，在保留稀疏性的同时鼓励分组效应。特别地，当存在多组高度相关的变量时，LASSO 倾向于从每组中只选择一个变量，相比于岭回归表现不佳。为了解决这一局限性，Zou 和 Hastie（2005）提出了弹性网络回归，它在回归系数的绝对值上结合了 L2 惩罚项和 L1 惩罚项。由于同一类别内的特征可以高度相关，我们考虑了如下弹性网络回归：

$$\hat{\beta}_t^{EN} = \arg\min_{\beta} \sum_{i=1}^{N_t} \left(r_{i,t+1} - \beta_{0t} - \sum_{j=1}^{J} \beta_{jt}\, \widetilde{z}_{i,jt} \right)^2$$
$$+ \lambda \left(\alpha \sum_{j=1}^{J} \beta_{jt}^2 + (1-\alpha) \sum_{j=1}^{J} |\beta_{jt}| \right) \tag{5-5}$$

其中 $\alpha \in [0, 1]$ 平衡了两个惩罚函数的相对强度。如前所述，λ 和 α

两个超参数可以通过 BIC 来确定，而弹性网络的解可以通过最小角算法来有效地得到。

（二）非线性模型

接下来我们将讨论条件预期收益的非线性模型。为了在特征和收益之间建立灵活的预测关系，我们对条件均值函数 $m_{t,j}(\tilde{z}_{i,jt})$ 进行了非参数估计。为此，我们首先进行秩变换，将每个特征 $\tilde{z}_{i,jt}$ 划分为类似于投资组合排序的 L 个区间。断点 $0 = t_0 < t_1 < \cdots < t_{L-1} < t_L = 1$ 是节点，取值为变量 $z_{i,jt}$ 的分位数。然后我们用一系列二次样条来逼近 $m_{t,j}(\tilde{z}_{i,jt})$，使得在每个区间内，逼近采用不同的二次形式，即

$$m_{t,j}(\tilde{z}) \approx \sum_{k=1}^{L+2} \beta_{jtk} p_k(\tilde{z}) \tag{5-6}$$

其中，$p_1(\tilde{z}) = 1$，$p_2(\tilde{z}) = \tilde{z}$，$p_3(\tilde{z}) = \tilde{z}^2$，$p_k(\tilde{z}) = \max(\tilde{z} - t_{k-3}, 0)^2$，$4 \leq k \leq L+2$ 是 $L+2$ 个基函数，β_{jtk} 是要估计的参数。显然逼近函数作为一个整体在 $[0, 1]$ 上是连续可微的。在非参数估计中，节点数 L 决定了偏差和方差的权衡。L 越大，样条曲线逼近的精度越高，但估计的不确定性也越高，方差也越大。在下面的实证分析中，我们将考虑一系列对于 L 的选择，以衡量我们结果的稳健性。

为了在非线性模型下选择特征，我们采用了 Freyberger，Neuhierl 和 Weber（2020）提出的两步非线性自适应组 LASSO 回归法。与 LASSO 一样，我们对非线性模型施加稀疏性约束，但在与某些特征相关的二次样条之前收缩系数组。更正式地说，在第一步中，组 LASSO

解得 $\beta = \{\beta_{jkt}\}$，$j = 1, 2, \cdots, J$；$k = 1, 2, \cdots, L+2$ 为：

$$\tilde{\beta}_t = \arg\min_{\beta} \sum_{i=1}^{N_t} \left(r_{i,t+1} - \sum_{j=1}^{J} \sum_{k=1}^{L+2} \beta_{jkt} p_k(\tilde{z}_{i,jt}) \right)^2 + \lambda_1 \sum_{j=1}^{J} \left(\sum_{k=1}^{L+2} \beta_{jkt}^2 \right)^{\frac{1}{2}}$$

(5-7)

其中，第一项是混合回归中残差的平方和，第二项是对估计系数大小的惩罚。注意，与给定特征 $\tilde{z}_{i,jt}$ 相关的所有系数 β_{jtk}，$k = 1, 2, \cdots, L+2$ 作为一个组进行惩罚。因此，如果第 j 个特征对于预测不重要，则 $m_{t,j}(\tilde{z}_{i,jt})$ 整个展开的估计可以缩小到零，从而实现模型选择。如前所述，为了获得模型选择的一致性，我们采用了非线性自适应组 LASSO 回归方法，其中第二阶段组 LASSO 回归的组惩罚函数 $\lambda_2 \sum_{j=1}^{J} (w_{jt} \sum_{k=1}^{L+2} \beta_{jkt}^2)^{1/2}$ 是用特征特定权重 $\{w_{jt}\}$ 来估计的。将第一阶段估计表示为 $\{\tilde{\beta}_{jtk}\}$，若 $\sum_{k}^{L+2} \tilde{\beta}_{jtk}^2 \neq 0$，则第 j 项上的权重 $w_{jt} = \left(\sum_{k}^{L+2} \tilde{\beta}_{jkt}^2 \right)^{-1/2}$，否则 w_{jt} 为无穷大。由此，非线性自适应组 LASSO 估计量为

$$\hat{\beta}_t^{NP} = \arg\min_{\beta} \sum_{i=1}^{N_t} \left(r_{i,t+1} - \sum_{j=1}^{J} \sum_{k=1}^{L+2} \beta_{jkt} p_k(\tilde{z}_{i,jt}) \right)^2$$
$$+ \lambda_2 \sum_{j=1}^{J} \left(w_{jt} \sum_{k}^{L+2} \beta_{jkt}^2 \right)^{\frac{1}{2}}$$

(5-8)

最后，我们以最小化 Yuan 和 Lin（2006）的调整后的 BIC 准则为目标选择 λ_1 和 λ_2。调整后的 BIC 准则表达式为：

$$BIC^{YL} = SSR + \frac{\log(N_t)}{N_t} \left((L+1) \frac{\|\beta\|}{\|\beta^{ols}\|} + \frac{N_J}{L+2} \right)$$

(5-9)

其中 N_J 是在总数为 J 的特征中选择的特征数，SSR 指回归平方和，

$\|\beta\|$ 和 $\|\beta^{ols}\|$ 分别是由非线性自适应组 LASSO 和 OLS 估计的系数的范数。在实证分析中，我们发现调整后的 BIC 标准会选择较少的特征，不过能同时保持与 AIC 标准和 BIC 标准相同的预测绩效水平，这与 Freyberger，Neuhierl 和 Weber（2020）的模拟证据一致。此外，为了加快在 J 和 N_t 较大的情况下估计的收敛速度，我们采用了 Xiong 等（2016）的正交 EM 算法，该算法适用于大规模惩罚回归，并且能够有效地处理多个惩罚函数。

5.2　数据和单变量投资组合构造

1. 样本选择

我们从 CSMAR 金融研究数据库收集整理了 A 股市场所有上市公司的收益、交易和财务报表数据。我们还从沃顿研究数据服务公司（Wharton Research Data Service，WRDS）获得了 Liu，Stambaugh 和 Yuan（2019）的 CH-4 因子收益率序列，并从中央财经大学中国资产管理研究中心获得了中国市场的 Fama-French 因子收益率序列。另外，我们依据中国证监会 2012 年版《上市公司行业分类指引》对股票按行业进行了分类。

我们按照 Liu，Stambaugh 和 Yuan（2019）的样本选择方法来构建研究样本，样本时间区间为 2000 年 1 月—2019 年 12 月。虽然中国的股票市场兴起于 1990 年，但我们关注 2000 年以后的情况以确保财务报告标准和会计数据的一致性。在 1998 年财政部颁布有关上市公司财务披露的证券法律法规之前，公司在编制现金流量表时，往往有自己选取会计标准的自由。这些有关上市公司财务披露的规定在 1999 年得到广泛实施，此后各公司的会计数据更具可比性。我们考虑了所有 A 股，不过为了排除潜在的干扰，我们排除了具有以下特征的股票：（1）按照 2012 年中国证监会《上市公司行业分类指引》属于金融行业的；（2）上市时间不足 6 个月的；（3）上月交易日不足 15 日的；（4）过去 12 个月交易日不足 120 日的；（5）在最小的 30% 股票之中可能成为反向并购的目标、产生壳价值污染的。

2. 特征变量选取

我们构建了中国 A 股市场上市公司股票的多种公司特征。Hou，Xue 和 Zhang（2020）基于美国股票市场上持有期不同的 190 个特征，详细阐释了其如何复制在金融和会计顶级期刊上已发表的 452 个异常股票收益。我们尽可能地遵循他们的变量构造方法，但是由于中国会计准则和美国一般公认会计原则（GARP）之间的差异，美国股市的一些特征在中国无法完全匹配。在缺失值尽可能少的前提下，我们总共构建了 100 个特征，这些特征分为六类，包含动量特征 11 个，价值与增长特征 20 个，投资特征 12 个，盈利特征 25 个，无形资产特征 15 个，交易摩擦特征 17 个。这些变量的详细构造说明在第三章附表 3-1 中给出（这 100 个变量是附表 3-1 的 107 个变量的子集）。

接下来，我们将月度收益与滞后公司特征相结合。考虑三种情况：（1）对于每年更新的特征，我们将 t 年 7 月和 $t+1$ 年 6 月之间的收益率与以 $t-1$ 年 12 月为财报年度结束日的最新年报的特征值对应起来；（2）对于每季度更新的特征，我们将每个月的收益率与最新季报的特征值对应起来；（3）对于每月更新的特征，我们将每个月的收益与上月末的特征值进行对应。与 Hou，Xue 和 Zhang（2020）不同，我们不单独处理盈余公告，也不在财政季度末和随后的盈余公告日期之间设置 4 个月的信息发布延迟。这是因为在中国，上市公司通常会在财务报表中公布收益，季度报表必须在财政季度结束后一个月内公布。总之，这里采用的收益率与特征的匹配方法确保了信息的合理及时更新，同时避免了任何可能的前瞻性偏差。

3. 分类投资组合

首先，我们逐个检验了单个特征的收益可预测性。我们通过对每个特征进行排序来创建 10 个十分位数，在每个十分位数内形成等额和价值加权投资组合，并使用十分位数组合中的第 10 个组合和第 1 个组合构建一个多空投资组合。表 5-1 报告了基于每个特征排序得到的多空投资组合在整个样本期内的表现。（1）~（6）列和（7）~（12）列分别报告了等权重和市值加权多空投资组合的平均月度收益率、年化夏普比率和各种因子模型的 alpha 值。为了便于解释，我们报告了每个平均收益的绝对值。此外，我们用粗体字表示在 95% 置信度下显著的值，用下划线表示经 Benjamini 和 Yekutieli（2001）的 p 值调整后仍然存在显著性的值。由表可知，等权重投资组合的平均收益率通常高于市值加权投资组合，这反映了市值效应。基于市值加权结果，我们发现一些特征，如 droa、droe、ep、ivff、rnaq、roa、roe、sp、sue 和 tes 等，可以产生超过 1% 的月平均收益率。其中，预期外税收费用（tes）和预期外盈利（sue）两个特征实现了超过 1 的、相当高的年化夏普比率，相比之下，由 300 只规模最大、流动性最强的 A 股股票组成的沪深 300 指数的年化夏普比率仅为 0.48。附录中的附表 5-1 列出了各种中国市场指数的年化夏普比率、现行资产定价模型的因素以及每个因素模型的最大夏普比率。

表 5-1 的（3）~（6）列和（9）~（12）列分别报告了等权重投资组合和市值加权投资组合关于各种主流因子模型的 alpha 值。特别是，我们考虑了 CAPM、Fama-French 六因子模型、Hou 等（2019）Q5 因子模型以及 Liu，Stambaugh 和 Yuan（2019）CH-4 模型。从表中可以明显看出，除了 CH-4 模型外，相当多的异象在其他因子模型下具有统计显著的 alpha。相比之下，只有 24 个等权重组合和 8 个市值加权的投资组合在 CH-4 模型下有统计显著的 alpha，而当我们使用 Benjamini 和 Yekutieli（2001）提出的有 p 值调整的多重假设检验时，只有 3 个等权重的投资组合的异常收益仍然无法解释。为了更清楚地看到这一点，图 5-1 的热力图展示了各投资组合关于四个因子定价模型 alpha 值的 t 统计量，其中较浅的颜色表示 t 值不太显著。与其他因子模型相比，在所有特征中 CH-4 模型都显示出了最浅的颜色。

表 5-1　按单变量特征排序得到的多空投资组合

Var	(1)	(2)	(3)	(4)	(5)	(6)	(7)	(8)	(9)	(10)	(11)	(12)
			等权重投资组合						市值加权投资组合			
	Mean	SR	CAPM	α-FF6	α-Q5	α-CH-4	Mean	SR	α-Mkt	α-FF6	α-Q5	α-CH-4
abr	**0.81%**	0.88	**0.89%**	**0.85%**	**0.49%**	**0.98%**	**0.95%**	0.69	**1.06%**	**0.91%**	**0.65%**	**1.07%**
age	0.06%	0.05	0.08%	0.07%	0.30%	0.06%	0.04%	0.03	0.00%	0.03%	0.08%	0.09%
alm	0.54%	0.49	0.51%	0.24%	**0.35%**	0.01%	**0.77%**	0.51	**0.69%**	0.20%	**0.59%**	0.12%
almq	**0.79%**	0.51	**0.76%**	**0.51%**	**1.03%**	0.42%	**0.78%**	0.42	**0.72%**	0.34%	**1.10%**	0.35%
am	0.53%	0.33	0.48%	0.13%	**0.70%**	0.10%	0.52%	0.26	0.44%	0.10%	**0.78%**	0.12%
ami	**1.14%**	0.70	**1.15%**	**0.60%**	**1.00%**	0.33%	0.65%	0.33	0.54%	0.13%	0.40%	0.05%
ato	**0.44%**	0.61	**0.48%**	**0.65%**	0.30%	0.44%	**0.45%**	0.54	**0.45%**	**0.61%**	0.32%	0.43%
atoq	**0.67%**	0.80	**0.72%**	**0.91%**	0.29%	**0.50%**	**0.73%**	0.68	**0.78%**	**1.10%**	0.37%	0.48%
beta	0.37%	0.27	**0.60%**	0.50%	0.17%	0.03%	0.54%	0.30	**0.87%**	0.52%	0.38%	0.03%
beta_	0.14%	0.10	0.34%	0.46%	0.01%	0.43%	0.31%	0.16	0.59%	**0.65%**	0.33%	0.73%
betad	**0.86%**	0.67	**0.71%**	**0.68%**	**0.96%**	**0.85%**	**0.96%**	0.57	**0.76%**	**0.61%**	**0.92%**	0.72%
betafp	**0.60%**	0.42	**0.87%**	**0.68%**	0.34%	0.22%	0.53%	0.29	**0.87%**	0.59%	0.34%	0.11%
bl	0.15%	0.13	0.19%	0.17%	0.02%	0.36%	0.28%	0.19	0.32%	**0.49%**	0.07%	0.53%

续表

Var	(1) Mean	(2) SR	等权重投资组合 (3) CAPM	(4) α-FF6	(5) α-Q5	(6) α-CH-4	(7) Mean	(8) SR	市值加权投资组合 (9) α-Mkt	(10) α-FF6	(11) α-Q5	(12) α-CH-4
blq	0.02%	0.01	0.05%	0.03%	0.21%	0.16%	0.05%	0.03	0.11%	0.25%	0.23%	0.23%
bm	0.68%	0.43	**0.65%**	0.26%	**0.76%**	0.22%	0.64%	0.33	0.62%	0.04%	**0.95%**	0.22%
bmj	**0.60%**	0.66	**0.60%**	**0.27%**	0.58%	0.22%	0.31%	0.22	0.36%	0.05%	0.53%	0.11%
cdi	0.01%	0.03	0.04%	0.03%	0.04%	0.04%	0.18%	0.18	0.21%	0.23%	0.01%	0.19%
cla	0.16%	0.21	0.24%	**0.27%**	0.05%	0.06%	0.01%	0.01	0.15%	0.26%	0.07%	0.13%
claq	0.09%	0.12	0.13%	0.07%	0.07%	0.17%	0.22%	0.18	0.32%	0.37%	0.15%	0.13%
cp	**0.51%**	0.69	**0.50%**	**0.38%**	**0.53%**	0.15%	**0.66%**	0.58	**0.61%**	**0.44%**	**0.67%**	0.05%
cs	0.04%	0.04	0.04%	0.02%	0.02%	0.22%	0.31%	0.20	0.33%	0.38%	0.28%	0.58%
cta	0.40%	0.35	**0.44%**	**0.56%**	0.03%	0.36%	0.48%	0.33	0.43%	**0.62%**	0.08%	0.09%
cto	**0.70%**	0.82	**0.76%**	**0.94%**	0.17%	0.26%	**0.60%**	0.51	**0.66%**	**0.88%**	0.22%	0.37%
dcoa	0.03%	0.05	0.06%	0.03%	0.11%	0.09%	0.13%	0.12	0.10%	0.20%	0.23%	0.00%
dcol	0.12%	0.22	0.11%	0.09%	0.02%	0.21%	0.10%	0.12	0.09%	0.03%	0.11%	0.13%
dgs	0.07%	0.12	0.10%	0.03%	0.11%	0.09%	0.11%	0.13	0.16%	0.08%	0.12%	0.07%

续表

Var	等权重投资组合						市值加权投资组合					
---	(1)	(2)	(3)	(4)	(5)	(6)	(7)	(8)	(9)	(10)	(11)	(12)
	Mean	SR	CAPM	α-FF6	α-Q5	α-CH-4	Mean	SR	α-Mkt	α-FF6	α-Q5	α-CH-4
dm	0.16%	0.13	0.13%	0.06%	**0.34%**	0.16%	0.27%	0.17	0.23%	0.04%	**0.50%**	0.06%
dnca	0.05%	0.07	0.07%	0.05%	0.06%	0.04%	0.26%	0.30	0.25%	0.25%	0.21%	0.09%
dnco	0.04%	0.06	0.06%	0.01%	0.04%	0.04%	0.18%	0.24	0.16%	0.10%	0.18%	0.13%
dpia	0.15%	0.22	0.16%	0.08%	0.03%	**0.26%**	0.15%	0.16	0.13%	0.14%	0.09%	0.19%
droa	**1.21%**	1.48	**1.24%**	**1.32%**	**0.52%**	**0.83%**	**1.06%**	0.89	**1.07%**	**1.30%**	0.29%	0.60%
droe	**1.13%**	1.36	**1.16%**	**1.19%**	**0.39%**	**0.66%**	**1.10%**	0.98	**1.12%**	**1.26%**	0.27%	0.58%
dsa	**0.30%**	0.59	**0.30%**	**0.29%**	**0.20%**	0.27%	**0.34%**	0.42	**0.32%**	0.31%	0.24%	0.38%
dsi	0.12%	0.27	0.13%	0.09%	0.06%	0.13%	0.20%	0.29	0.17%	0.07%	0.08%	0.24%
dss	0.02%	0.05	0.03%	0.01%	0.08%	0.00%	0.00%	0.01	0.01%	0.18%	0.22%	0.14%
dtv	**1.13%**	0.78	**1.20%**	**0.55%**	**0.67%**	0.23%	0.85%	0.47	0.79%	0.31%	0.35%	0.07%
dwc	0.03%	0.05	0.02%	0.01%	0.07%	0.06%	0.03%	0.04	0.03%	0.12%	0.12%	0.06%
e6	0.24%	0.23	0.25%	0.31%	0.26%	0.33%	0.28%	0.22	0.34%	0.35%	0.12%	0.51%
e11	0.34%	0.37	0.36%	**0.45%**	0.07%	**0.57%**	0.44%	0.35	0.51%	**0.63%**	0.36%	**0.81%**

续表

Var	(1)	(2)	(3)	(4)	(5)	(6)	(7)	(8)	(9)	(10)	(11)	(12)
	等权重投资组合						市值加权投资组合					
	Mean	SR	CAPM	α-FF6	α-Q5	α-CH-4	Mean	SR	α-Mkt	α-FF6	α-Q5	α-CH-4
ebp	**0.52%**	0.45	**0.52%**	**0.27%**	**0.55%**	0.35%	0.55%	0.36	0.09%	0.26%	**0.71%**	0.48%
em	**0.73%**	0.56	**0.84%**	**0.60%**	**0.53%**	0.19%	0.72%	0.40	**0.88%**	**0.48%**	0.51%	0.05%
ep	**1.38%**	1.04	**1.47%**	**1.33%**	**0.95%**	0.43%	**1.33%**	0.75	**1.46%**	**1.09%**	**0.84%**	0.15%
etr	**0.21%**	0.48	**0.22%**	**0.22%**	0.13%	0.13%	**0.22%**	0.30	**0.28%**	0.17%	0.04%	0.05%
fp	0.38%	0.31	**0.52%**	**0.70%**	0.07%	0.27%	0.39%	0.26	**0.57%**	**0.77%**	0.09%	0.27%
gla	0.45%	0.37	**0.60%**	**0.74%**	0.08%	0.32%	0.49%	0.32	**0.67%**	**0.80%**	0.15%	0.36%
gpa	**0.67%**	0.52	**0.83%**	**0.96%**	0.21%	0.50%	0.61%	0.36	**0.83%**	**0.90%**	0.33%	**0.66%**
ia	0.18%	0.24	0.20%	0.15%	0.05%	0.25%	0.04%	0.01	0.00%	0.17%	0.09%	0.17%
iaq	**0.63%**	0.62	**0.67%**	**0.71%**	**0.25%**	0.56%	0.36%	0.30	0.42%	**0.50%**	0.10%	**0.50%**
ir	0.31%	0.27	0.27%	0.03%	**0.74%**	0.50%	0.21%	0.15	0.16%	0.01%	**0.85%**	0.55%
isff	**0.44%**	0.69	**0.47%**	**0.53%**	**0.54%**	0.44%	0.21%	0.21	0.26%	0.29%	**0.44%**	**0.49%**
ivff	**1.87%**	1.51	**1.97%**	**1.67%**	**1.65%**	0.90%	**1.24%**	0.73	**1.45%**	**1.17%**	**1.37%**	0.39%
ivg	0.07%	0.11	0.06%	0.11%	0.02%	0.23%	0.08%	0.09	0.07%	0.11%	0.15%	0.16%

续表

Var	(1) Mean	(2) SR	(3) CAPM	(4) α-FF6	(5) α-Q5	(6) α-CH-4	(7) Mean	(8) SR	(9) α-Mkt	(10) α-FF6	(11) α-Q5	(12) α-CH-4
	等权重投资组合						市值加权投资组合					
kz	**0.27%**	0.32	**0.30%**	0.11%	**0.30%**	**0.40%**	0.06%	0.01	0.06%	0.07%	0.01%	0.03%
mdr	**0.94%**	0.83	**1.08%**	**0.96%**	**0.88%**	0.05%	0.60%	0.37	**0.84%**	0.61%	**0.69%**	0.34%
me	0.26%	0.17	0.14%	**0.36%**	0.21%	0.33%	0.30%	0.16	0.10%	0.31%	0.23%	0.28%
ndp	0.31%	0.30	0.31%	0.13%	**0.38%**	0.17%	**0.53%**	0.49	**0.53%**	0.27%	**0.53%**	0.30%
ndpq	**0.45%**	0.44	0.44%	0.25%	**0.66%**	0.24%	**0.62%**	0.48	**0.62%**	**0.41%**	**0.91%**	0.31%
nei	**0.65%**	0.97	**0.70%**	**0.73%**	**0.37%**	0.37%	0.50%	0.54	0.54%	**0.49%**	0.02%	0.13%
noa	**0.30%**	0.45	**0.32%**	**0.44%**	**0.30%**	0.08%	**0.50%**	0.48	**0.54%**	**0.64%**	**0.47%**	0.01%
nop	0.18%	0.14	0.21%	0.03%	0.33%	0.12%	0.19%	0.11	0.23%	0.06%	**0.52%**	0.27%
nopq	0.35%	0.31	0.32%	0.12%	**0.56%**	0.10%	0.41%	0.30	0.36%	0.06%	**0.47%**	0.20%
ocp	**0.81%**	0.76	**0.83%**	**0.70%**	**0.97%**	0.30%	**0.84%**	0.55	**0.88%**	**0.54%**	**0.92%**	0.02%
ola	**1.18%**	0.86	**1.34%**	**1.32%**	**0.38%**	**0.50%**	0.76%	0.42	**1.02%**	**0.89%**	0.12%	0.15%
ole	**1.26%**	0.91	**1.38%**	**1.37%**	**0.37%**	**0.49%**	**0.98%**	0.54	**1.19%**	**1.00%**	0.27%	0.30%
ol	**0.33%**	0.51	**0.34%**	**0.47%**	0.04%	0.08%	0.20%	0.19	0.15%	0.26%	0.10%	0.20%

续表

Var	(1) Mean	(2) SR	等权重投资组合 (3) CAPM	(4) α-FF6	(5) α-Q5	(6) α-CH-4	(7) Mean	(8) SR	市值加权投资组合 (9) α-Mkt	(10) α-FF6	(11) α-Q5	(12) α-CH-4
olq	**0.57%**	0.77	**0.59%**	**0.71%**	0.14%	0.16%	0.29%	0.27	0.27%	0.41%	0.07%	0.14%
op	0.26%	0.20	0.30%	0.11%	**0.46%**	0.01%	0.18%	0.10	0.22%	0.06%	**0.54%**	0.27%
opa	0.41%	0.35	**0.56%**	**0.51%**	0.10%	0.16%	0.19%	0.11	0.43%	**0.30%**	0.13%	0.21%
ope	0.43%	0.38	**0.54%**	**0.46%**	0.18%	0.23%	0.29%	0.17	0.53%	**0.35%**	0.28%	0.39%
opq	0.34%	0.26	0.33%	0.14%	**0.65%**	0.12%	0.30%	0.19	0.24%	0.08%	**0.49%**	0.19%
o	**0.71%**	0.66	**0.82%**	**0.96%**	**0.32%**	**0.60%**	0.63%	0.45	**0.80%**	**0.94%**	0.37%	0.41%
pm	0.29%	0.28	**0.40%**	**0.49%**	0.18%	0.38%	0.08%	0.06	0.23%	0.27%	0.01%	0.27%
pmq	**0.83%**	0.69	**0.96%**	**0.99%**	0.30%	**0.58%**	**0.79%**	0.52	**0.99%**	**0.92%**	0.10%	0.31%
poa	0.12%	0.21	0.12%	0.13%	0.08%	0.04%	0.10%	0.10	0.12%	0.18%	0.00%	0.08%
pps	0.66%	0.30	0.53%	0.08%	**1.31%**	0.01%	0.85%	0.40	0.75%	0.22%	**1.42%**	0.08%
r6	0.33%	0.20	0.41%	**0.58%**	0.51%	0.77%	0.61%	0.32	0.71%	**0.80%**	0.41%	0.89%
r11	**0.52%**	0.56	**0.51%**	**0.64%**	0.32%	0.36%	**0.67%**	0.51	**0.67%**	**0.79%**	0.36%	0.50%
r1a	0.32%	0.19	0.29%	0.21%	**1.12%**	0.51%	0.02%	0.01	0.07%	0.04%	**0.96%**	0.79%

续表

Var	(1) Mean	(2) SR	(3) CAPM	(4) α-FF6	(5) α-Q5	(6) α-CH-4	(7) Mean	(8) SR	(9) α-Mkt	(10) α-FF6	(11) α-Q5	(12) α-CH-4
	等权重投资组合						市值加权投资组合					
r1n	0.26%	0.17	0.32%	**0.39%**	0.32%	**1.00%**	0.25%	0.13	0.36%	0.44%	0.28%	**1.16%**
rev	0.34%	0.31	0.31%	0.01%	**0.49%**	0.32%	0.13%	0.09	0.10%	0.12%	0.36%	0.11%
rma	**0.47%**	0.45	**0.57%**	**0.70%**	0.18%	**0.43%**	0.48%	0.34	**0.60%**	**0.68%**	0.19%	0.46%
rmaq	**0.96%**	0.78	**1.09%**	**1.19%**	**0.31%**	**0.58%**	**1.06%**	0.67	**1.19%**	**1.24%**	0.09%	0.22%
roa	**1.23%**	0.86	**1.38%**	**1.44%**	**0.31%**	**0.65%**	**1.20%**	0.73	**1.38%**	**1.43%**	**0.34%**	0.57%
roe	**1.31%**	0.93	**1.43%**	**1.46%**	**0.33%**	**0.58%**	**1.47%**	0.89	**1.60%**	**1.52%**	**0.40%**	0.55%
rs	**0.84%**	1.36	**0.89%**	**0.90%**	**0.45%**	**0.51%**	**0.57%**	0.60	**0.61%**	0.44%	0.06%	0.03%
sg	0.18%	0.25	0.18%	0.18%	0.07%	0.13%	0.02%	0.02	0.03%	0.07%	0.18%	0.07%
size	0.56%	0.33	0.41%	0.12%	0.25%	0.11%	0.65%	0.32	0.43%	0.05%	0.22%	0.13%
sp	**1.12%**	0.81	**1.15%**	**1.01%**	**1.00%**	0.17%	**1.17%**	0.62	**1.19%**	**0.91%**	**1.22%**	0.11%
sr	0.19%	0.23	0.22%	0.29%	0.26%	0.31%	0.17%	0.14	0.22%	0.23%	0.25%	0.28%
srev	**1.37%**	0.86	**1.36%**	**1.07%**	**1.47%**	0.19%	**0.83%**	0.45	**0.85%**	0.56%	**0.95%**	0.29%
sue	**1.31%**	1.57	**1.36%**	**1.35%**	**0.66%**	**0.82%**	**1.23%**	1.21	**1.26%**	**1.15%**	0.45%	0.51%

续表

Var	(1) Mean	(2) SR	(3) CAPM	(4) α-FF6	(5) α-Q5	(6) α-CH-4	(7) Mean	(8) SR	(9) α-Mkt	(10) α-FF6	(11) α-Q5	(12) α-CH-4
	等权重投资组合						市值加权投资组合					
tail	0.23%	0.30	0.26%	0.04%	0.13%	0.05%	0.35%	0.33	0.41%	0.17%	0.00%	0.20%
tan	0.23%	0.22	0.28%	0.25%	0.11%	0.12%	0.15%	0.13	0.23%	0.21%	0.05%	0.10%
tbi	0.03%	0.05	0.02%	0.06%	0.07%	0.01%	0.24%	0.26	0.25%	0.08%	0.31%	0.17%
tes	**1.04%**	1.67	**1.06%**	**1.17%**	**0.64%**	**0.79%**	**1.05%**	1.08	**1.06%**	**1.30%**	**0.60%**	**0.66%**
ts	**0.70%**	0.83	**0.65%**	**0.64%**	**0.77%**	**0.60%**	**0.58%**	0.52	**0.54%**	**0.36%**	**0.47%**	**0.20%**
tur	**0.93%**	0.67	**1.14%**	**1.01%**	**0.99%**	**0.45%**	**0.64%**	0.32	**0.93%**	**0.69%**	**0.82%**	**0.20%**
w52	0.01%	0.01	0.05%	0.09%	**1.05%**	0.17%	0.32%	0.17	0.27%	0.09%	**0.87%**	0.12%
ww	0.23%	0.13	0.29%	**0.48%**	**0.63%**	0.01%	0.09%	0.04	0.06%	0.09%	**0.44%**	0.26%
z	0.09%	0.05	0.04%	0.21%	**0.48%**	0.28%	0.04%	0.02	0.10%	0.45%	0.44%	0.40%

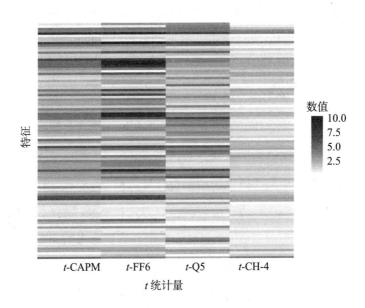

图 5-1 按特征排序的投资组合各因子模型 alpha 的 t 统计量

CH-4 因子模型在解释大多数单变量特征排序异象收益方面的成功证实了 Liu, Stambaugh 和 Yuan (2019) 的研究结果。然而，同时采用多个特征是否会产生无法由 CH-4 因子模型所解释的收益仍然是一个实证问题。下面的分析用各种股票收益预测模型来探讨这个问题。

5.3 实证结果

在本节中，我们使用 5.1 节中描述的线性和非线性收益预测模型来识别提供了横截面预期收益独立信息的特征。利用所选特征的预期收益率作为排序变量，我们构造了十分位数投资组合，并检验了多空组合收益之差的夏普比率和 CH-4 因子模型的 alpha 值，这为识别出的特征是否具有相对于现有因子模型的预期收益增量预测能力提供了证据。

1. 样本内分析

我们从使用整个样本的收益和特征数据来识别含有预测预期收益的信息的特征开始。我们首先分别使用自适应 LASSO、弹性网络和 t 统计量截止值高于 3 的线性模型进行特征选择。[①] 然后，我们解除线性约束，使用非线性自适应组 LASSO 作为选择模型。为了使非线性预测因果关系具有不同程度的灵活性，我们在设定非参数回归时考虑了 3、5、7、10、15 和 20 个节点的情况。

表 5-2 列出了线性和非线性模型从 100 个公司特征中选出的变量。第（1）列和第（2）列表明，自适应 LASSO 和弹性网络选择了相同的 25 个特征，包括盈利发布日累计异常收益率（abr）、Amihud（2002）流动性比率（ami）、下行 beta 值（beta_）和账面杠杆率（bl）等。相比之下，第（3）列中，t 统计量截止值高于 3 的模型仅选择了 12 个特征，虽然筛掉了一半的自适应 LASSO 所选择的特征，但选择了盈利能力和价值类别中的一些特征，例如总资产收益率和净资产收益率变化（droa，droe）、收益价格比（ep）和经营性现金流对市值比（ocp）。第（4）~（9）列分别报告了 3、5、7、10、15 和 20 个节点的非线性模型的选择结果，非线性模型选择的

---

① 我们不采用 Benjamini 和 Yekutieli（2001）的 p 值调整作为这里的线性选择模型之一，因为在这种调整之后很少有特征保持显著。

特征数比自适应 LASSO 少，并且随着节点数的增加，所选择特征的数量从 19 个减少到 15 个，不过所选特征的列表保持稳定并且与线性模型所选特征重叠，共同选中的特征包括盈利发布日累计异常收益率（abr）、异质性波动率（ivff）、Ohlson（1980）o 分数（o）、短期反转（srev）和预期外盈利（sue）等，但也有一些没有被任何线性模型选中的特征，比如交易量（dtv）、资产有形性（tan）和前一年最高价格（w52）。

表 5-2　线性与非线性模型选择的特征

	（1）	（2）	（3）	（4）	（5）	（6）	（7）	（8）	（9）
模型	LASSO	Enet	$t>3$	3	5	7	10	15	20
		线性模型				非线性模型			
样本规模					296 002				
选择的特征数	25	25	12	19	18	18	16	16	15
	abr	abr	abr	abr	abr	abr	abr	abr	abr
	ami	ami		ami	ami	ami	ami	ami	ami
	beta_	beta_							
	bl	bl							
	betad	betad		betad	betad	betad	betad	betad	betad
选择的特征	claq	claq							
	dgs	dgs							
			droa	droa	droa	droa	droa	droa	droa
			droe		droe	droe			
				dtv	dtv	dtv	dtv	dtv	dtv
			ep	ep	ep	ep	ep	ep	

续表

	（1）	（2）	（3）	（4）	（5）	（6）	（7）	（8）	（9）
	etr	etr							
	iaq	iaq		iaq					
	ivff	ivff	ivff	ivff	ivff	ivff	ivff	ivff	ivff
	me	me							
	ndpq	ndpq							
	o	o		o	o	o	o	o	o
			ocp						
	ole	ole		ole	ole	ole	ole	ole	ole
	ope	ope							
	pm	pm							
	r1a	r1a		r1a					
选择的特征			roa	roa	roa	roa			
			roe						
			rnaq						
	rs	rs							
	sp	sp		sp	sp	sp	sp	sp	sp
	srev	srev		srev	srev	srev	srev	srev	srev
	sue	sue	sue	sue	sue	sue	sue	sue	sue
	tbi	tbi							
				tan	tan	tan	tan	tan	tan
	tur	tur		tur	tur	tur	tur	tur	tur
	tes	tes	tes						
			ts	ts	ts	ts	ts		ts
				w52	w52	w52	w52		w52

为了更好地说明预测关系中的非线性，图 5-2 绘制了 5 个节点非线性自适应组 LASSO 所对应的条件均值收益 $m_{t,j}(\cdot)$，函数的输入分别为 sue、ivff、srev 和 ami。① 该图显示了在其他所有选定的特征保持不变时，预期收益率和某些特征之间的条件因果关系。除了估计的条件平均收益函数外，我们还绘制了 95% 的置信带，该置信带表示估计不确定性。在四个例子中，sue、ivff、srev 的右尾和 ami 的左尾都表现出明显的非线性。

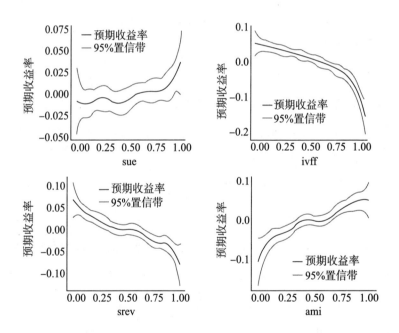

图 5-2 选定特征时由非线性模型给出的条件平均收益率

---

① 我们之所以选择这四个变量，是因为在下面的样本外分析中，非线性模型最常选择这四个变量。由于假设条件平均收益函数是可加的，我们可以分别绘制每个特征的预测关系。

表 5-3 通过线性和非线性模型进一步检验了所选特征的收益可预测性。我们首先估计这些收益预测模型，然后使用股票收益的拟合值将股票排序划分 10 分位数，形成等额和价值加权投资组合，最后构建第 10 分位数和第 1 分位数的多空投资组合。面板 A 显示了等权重投资组合的收益率均值、标准差、年化夏普比率和 CH-4 因子模型 alpha 值。第（1）列显示，基于 Fama-Macbeth 回归使用所有 100 个特征构建的基准投资组合的月平均收益率为 0.55%，标准差为 2.53%，年化夏普比率为 0.76。第（2）列和第（3）列展示了自适应 LASSO 和弹性网络回归两个线性模型下投资组合的收益特性，两个模型的结果是相同的，并且与基准相比有了实质性的改善。具体而言，月平均收益率上升至 3.20%，波动率上升至 3.97%，夏普比率为 2.79。CH-4 因子模型 alpha 值也从 0.57% 增加到 2.94%。在第（4）列中，虽然要求 t 统计量大于 3 的模型只使用了 12 个特征，但投资组合的夏普比率为 1.95，CH-4 alpha 值为 2.52%，这优于基准模型，不过差于自适应 LASSO 和弹性网络的结果。

表 5-3 第（5）~（10）列展示了有不同节点数的非线性模型产生的投资组合的收益特性。虽然所选特征的数量在一定程度上有所不同，但投资组合的表现对节点数具有稳健性。与线性模型相比，在选择较少特征的情况下，年化夏普比率和 CH-4 alpha 值进一步提高到每月 3.5% 和 3.8% 以上。面板 B 显示了市值加权投资组合的收益特性，非线性模型的年化夏普比率和 CH-4 alpha 值分别在 2.37~3.12 和 3.28%~4.05%，而线性模型的值分别低于 1.9 和 2.6%。值得注意的是，市值加权投资

组合收益率通常低于等权重投资组合收益率，反映了中国股市的市值效应，即使我们所选样本中不包含市值最小的 30% 股票。

表 5-3 线性模型与非线性模型的收益表现

	(1)	(2)	(3)	(4)	(5)	(6)	(7)	(8)	(9)	(10)
模型	FMB	LASSO	Enet	$t>3$	3	5	7	10	15	20
	线性模型				非线性模型					
选择的特征数	100	25	25	12	19	18	18	16	16	15
面板 A：等权重投资组合										
Mean（%）	0.55	3.20	3.20	2.58	3.79	3.87	3.87	3.92	4.14	4.22
Std. Dev（%）	2.53	3.97	3.97	4.58	4.03	3.81	3.81	3.98	3.87	3.82
Sharpe ratio	0.76	2.79	2.79	1.95	3.26	3.52	3.52	3.41	3.71	3.83
CH-4 alpha（%）	0.57	2.94	2.94	2.52	3.72	3.82	3.81	3.91	4.03	4.17
面板 B：市值加权投资组合										
Mean（%）	0.50	2.79	2.79	2.22	3.38	3.42	3.51	3.56	3.89	4.10
Std. Dev（%）	3.69	5.19	5.19	5.99	4.93	4.44	4.51	4.5	4.63	4.55
Sharpe ratio	0.47	1.86	1.86	1.28	2.37	2.67	2.70	2.74	2.91	3.12
CH-4 alpha（%）	0.63	2.57	2.57	2.12	3.28	3.38	3.46	3.59	3.78	4.05

总的来说，上述证据表明，非线性预测模型允许我们识别比线性模型更少的包含增量预测信息的特征，因此提供了特征更稀疏的预测模型。尽管如此，以夏普比率和组合的 CH-4 因子模型 alpha 值衡量预测能力时，非线性模型要优于线性模型。这部分我们使用了整个样本进行估计，并侧重于与过去的横截面收益溢价相关的特征。因此，应主要通过模型间的比较得出结论，而不是仅凭夏普比率和 CH-4 因子

alpha 值的绝对大小。

2. 样本外分析

样本内分析利用所有可用数据提供了更有效的参数估计，而样本外检验则可以作为实时评估收益可预测性的补充，并且同时降低样本内过拟合的风险。在本部分中，我们对线性和非线性预测模型进行样本外评估，以识别有信息的特征和预测收益。

我们采用滚动窗口的方式进行样本外检验。特别地，我们将样本分成两半，使用前 10 年的数据进行初始估计，使用后 10 年的数据进行样本外评估。具体来说，在 2009 年 12 月底，我们首先利用过去 120 个月的数据来估计线性和非线性预测模型，以选择特征并预测 2010 年 1 月的股票收益率。然后，我们根据预测收益将个股分成十分位数，在每个十分位数内形成等权重和市值加权的投资组合，并用第十分位数和第一分位数构建多空投资组合。在 2010 年 1 月底，我们利用从 2000 年 2 月开始的过去 120 个月的数据重新估计了预测模型，并根据预测的收益率十分位数重新选择特征和形成投资组合。以这种方式重复同样的程序，直到评估期结束。

表 5-4 的面板 A 展示了 2010 年 1 月—2019 年 12 月样本外期间线性和非线性模型等权重投资组合的收益特性。与以往一样，线性模型包括自适应 LASSO、弹性网络和 t 统计量截止值高于 3 的模型，而非线性模型则是 5 节点的非线性自适应组 LASSO。改变节点的数目会得到类似的结果，为了检验稳健性，我们在附录的附表 5-2 中报告了结

果。作为基准，我们还评估了 Fama-MacBeth 回归的样本外表现，该回归采用了所有特征来预测收益。

表 5-4　样本外收益表现

	（1）	（2）	（3）	（4）	（5）
模型	FMB	LASSO	Enet	$t>3$	NpLASSO
样本规模	296 002	296 002	296 002	296 002	296 002
选择的特征数均值	100	21.57	21.50	9.63	11.63
面板 A：等权重投资组合					
Mean（%）	0.66	2.57	2.53	1.50	3.29
Std. Dev（%）	2.13	3.36	3.35	3.36	3.46
Turnover（%）	36.19	70.28	70.31	53.54	72.62
Sharpe ratio	1.07	2.65	2.62	1.54	3.29
Cost-adjusted SR	0.60	1.95	1.91	1.04	2.59
CH4-alpha（%）	0.88	2.64	2.59	1.68	3.57
L-SMKT	0.19	1.12	1.10	0.79	1.56
Predictive slope	0.04	0.85	0.83	0.93	1.19
R squared（%）	0.62	3.24	3.17	2.31	4.44
面板 B：市值加权投资组合					
Mean（%）	0.18	1.87	1.86	1.09	2.59
Std. Dev（%）	3.35	5.03	5.02	5.04	4.07
Turnover（%）	36.93	67.07	67.30	46.94	71.08
Sharpe ratio	0.19	1.29	1.28	0.75	2.21
Cost-adjusted SR	−0.10	0.86	0.85	0.45	1.63
CH4-alpha（%）	0.39	1.88	1.89	1.38	2.95
L-SMKT	−0.22	0.84	0.84	0.36	1.43
Predictive slope	0.04	0.85	0.83	0.93	1.19
R squared（%）	0.62	3.24	3.17	2.31	4.44

　　自适应 LASSO 和弹性网络模型在样本期外平均选择 21.57 和 21.50 个特征。相比之下，t 统计量截止值高于 3 的模型和非线性自适应组 LASSO 分别选择了 9.63 和 11.63 个特征。这些数字和样本内选择的结果有一致性，再次确认了非线性方法倾向于产生特征更稀疏的模型。然后，我们检验了每个模型下多空投资组合的表现。考虑了所有特征的 Fama-Macbeth 回归得出的月平均收益率为 0.66%，年化夏普比率为 1.07。自适应 LASSO 模型和弹性网络模型的结果相似，将平均收益率提高到 2.57% 和 2.53%，夏普比率提高到 2.65 和 2.62。将截断值设置在 3 以上的 t 统计量截断法提供了一个更稀疏的模型，但产生了一个相对较低的年化夏普比率 1.54。然而，在选择特征的平均数量相似的情况下，非线性自适应组 LASSO 的夏普比率最高，为 3.29，相关的 CH-4 alpha 值也最高，为每月 3.57%。

　　接下来，我们计算样本期外多空投资组合的月平均换手率。仿照 Koijen 等（2018），多空投资组合的换手率定义为

$$Turnover = \frac{1}{T} \sum_{t=2}^{120} \left(\sum_{i=1}^{N_t} \left| w_{i,t} - w_{i,t-1}(1 + r_{i,t}) \right| \right) \quad (5\text{-}10)$$

式中，$w_{i,t}$ 是月末 t 股票 i 再平衡后投资组合权重，N_t 是股票数量。我们发现，非线性模型的样本外表现较好，月换手率较高，约为 70%。这个数量级与自适应 LASSO 和弹性网络的换手率相当，却是基准投资组合的两倍。那么在考虑交易成本的情况下，通过非线性模型预测得到的投资组合是否能够表现出更好的绩效呢？中国股票市场交易成本包括佣金、印花税和转让费，Li，Shao 和 Li（2019）

估计单向成本占交易价值的比例不超过 0.5%。因此，我们将单向成本比率设定为 0.5%，并重新计算交易成本的投资组合收益净额：

$$r_{p,t}^{adj} = \sum_{i=1}^{N_t} w_{i,t-1} r_{it} - |w_{i,t} - w_{i,t-1}(1 + r_{i,t})| \times 0.005 \qquad (5\text{-}11)$$

非线性模型的多空组合成本调整后的夏普比率仍然最高，为 2.59，而由线性模型得到的则低于 1.95。

此外，为了解决中国股票市场的卖空约束问题，我们利用线性和非线性预测模型研究了一个多空市场（L-SMKT）投资组合。具体来说，基于相同的预期收益十分位，我们买入十分位的多头异象股票，但卖空等量的市场组合，以保持零投资状态。结果表明，在存在卖空约束的情况下，非线性模型仍能达到 1.56 的夏普比率，比线性模型高出 50% 以上。最后，参考 Lewellen（2015），我们评估了收益率预测的准确性，方法是每个月将个股的实际收益率与其预测值进行横截面回归，并报告平均回归斜率和 R^2。我们发现非线性模型的平均预测斜率为 1.19，R^2 为 4.44%，而线性模型的对应预测值均更低。上面的实证证据表明，将非线性因素纳入考量范围确实提高了我们对股票收益预测的准确性。

表 5-4 的面板 B 报告了样本期外市值加权投资组合的收益特性。与等权重情形相比，我们发现非线性模型对投资组合绩效的改善更为显著。与线性 LASSO 和弹性网络相比，非线性模型的月平均收益率最高，为 2.59%，标准差较低，为 4.07%。因此，它实现了 2.21 的年化夏普比率，而线性模型中最好的是 1.29。考虑非线性因素使年化夏

普比率大幅上升约 70%，在调整交易成本后非线性模型的年化夏普比率仍然较大。此外，CH-4 alpha 值的差异也高达每月 1%。最后，对于非线性模型，L-SMKT 投资组合的夏普比率为 1.43，而在所有线性模型中最高夏普比率仅为 0.84。

　　到目前为止，我们已经证明，在预测关系中考虑非线性会产生一个更稀疏的模型，但是会提高收益率预测的准确性，即使在样本外分析中也是如此。与线性模型相比，基于预测收益率十分位数的多空投资组合的夏普比率和 CH-4 因子模型 alpha 值也更高，这与样本内结果一致。为了进一步检验非线性模型的结果，图 5-3 记录了在 120 个月的评估期内，对特质按样本外选择频率排序的结果。我们发现样本外选择的特征与样本内选择的特征有很大的重叠，这表明了它们真正的可预测性。最常选择的特征包括交易摩擦、盈利能力和动量三类。其中，sue、srev、ivff 和 ami 在所有 120 个月内均被选中，而 betad、ep、droa、abr 和 o 则在超过一半的时间内被选中。

　　在表 5-5 中，我们对具有固定选择特征的线性和非线性预测模型进行了另一种样本外评估。特别地，我们使用前 10 年的数据，通过线性自适应 LASSO 或非线性自适应组 LASSO 来选择特征。将每一组选定的特征固定，然后估计线性和非线性预测函数，预测一个月的提前收益，并根据预测的收益十分位数构建利差投资组合。将估计和预测窗口向前滚动一个月，重复此过程直到样本结束。面板 A 和面板 B 分别显示了等权重投资组合与市值加权投资组合的收益特性。在第（1）列和第（2）列中，我们使用 5 节点非参数组 LASSO 选择的 10

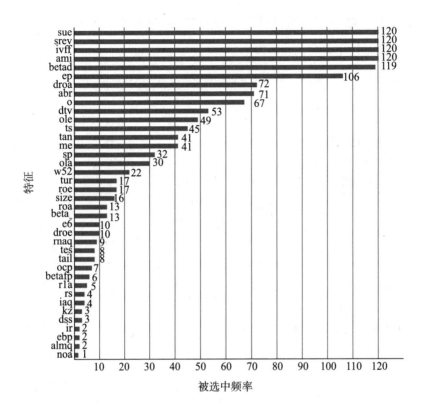

图 5-3　给定特征的被选中频率

个特征来预测股票收益，而在第（3）列和第（4）列中，我们使用
线性自适应 LASSO 选择的 15 个特征来预测股票收益。第（3）列和
第（4）列表明，当我们采用非线性模型进行预测时，等权重和价值
加权投资组合的夏普比率从线性模型所预测的 1.95 和 0.86 增加到
2.46 和 1.45。同时，第（2）列也显示，当我们用非线性模型选择特
征，但仍使用线性模型进行收益预测时，夏普比率分别提高到 2.65

和 1.11。最后，当我们使用非线性模型同时进行特征选择和收益预测时，夏普比率最高，分别为 3.05 和 1.78。

表 5-5　具有固定选择特征的样本外收益表现

	(1)	(2)	(3)	(4)
预测模型	NP	线性	线性	NP
变量选择模型	NP	NP	线性	线性
节点数（# of Knots）	5	NA	NA	5
选出的变量数	10	10	15	15
面板 A：等权重投资组合				
Mean（%）	3.09	2.98	2.16	2.69
Std. Dev（%）	3.51	3.90	3.84	3.78
Turnover（%）	74.22	73.27	67.78	71.71
Sharpe ratio	3.05	2.65	1.95	2.46
Cost-adjusted SR	2.36	2.03	1.37	1.83
CH-4 alpha（%）	3.16	3.23	2.40	2.86
L-SMKT	1.47	1.14	0.85	1.11
Predictive slope	1.05	1.11	0.75	0.93
R squared（%）	4.17	4.48	3.40	3.73
面板 B：市值加权投资组合				
Mean（%）	2.12	1.84	1.34	2.03
Std. Dev（%）	4.13	4.54	5.42	4.85
Turnover（%）	71.95	68.15	53.37	68.40
Sharpe ratio	1.78	1.11	0.86	1.45
Cost-adjusted SR	1.21	0.91	0.52	0.98
CH-4 alpha（%）	2.29	2.21	1.52	2.19
L-SMKT	1.08	0.74	0.58	0.94
Predictive slope	1.05	1.11	0.75	0.93
R squared（%）	4.17	4.48	3.40	3.73

　　图 5-4 显示了非线性预测模型关于选定特征的滚动估计所隐含的时变条件平均收益函数。我们分别展示了 sue、ivff、srev 和 ami 这四个最常被选择的特征来估计预测关系的演变。虽然预期收益和特征之间的预测关系总体上是稳定的，但在评估期的早期阶段，非线性似乎更为明显。例如，ami 在 2010—2016 年显示出明显的非线性模式，但在最近几年变得不明显。同样，sue 的非线性效应也在后期趋于缓和。

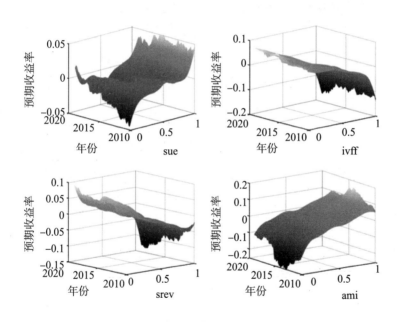

图 5-4　时变条件平均收益函数

　　图 5-5 和图 5-6 进一步绘制了在样本外评估期间，等权重投资组合与市值加权投资组合在考虑交易成本之后的累计收益率。在这两个图中，我们发现非线性模型的累计收益率均优于线性模型，并在 2015

年之前稳步增长。然后,所有模型都出现了收益率下跌,随后出现了实质性反弹。这段插曲恰逢 2015 年夏天中国股市暴跌超过 40%。随着市场变得更加动荡,个股之间的收益差距扩大,从而提高了多空组合的表现。虽然线性模型的投资组合收益率在 2015—2017 年期间大幅增长,但非线性模型更好地捕捉了特征分布尾部的个股极端收益,从而导致累计投资组合收益率更为急剧地增长。因此,在整个评价期内,非线性模型的累计收益率在很大程度上高于线性模型。

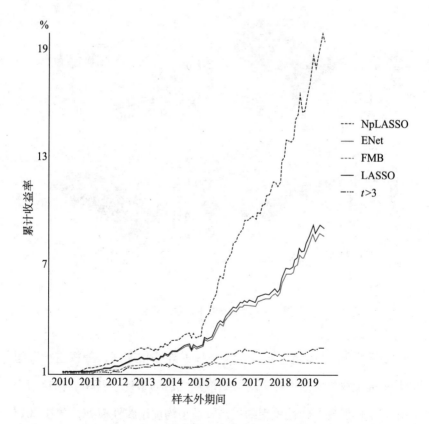

图 5-5   等权重投资组合的累计收益率

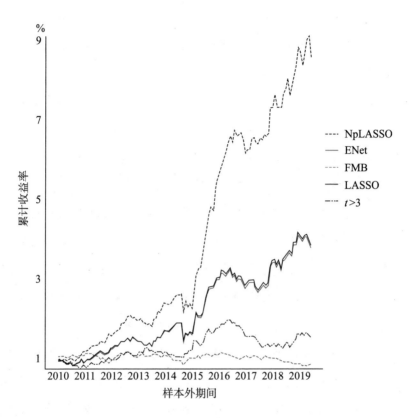

图 5-6　市值加权投资组合的累计收益率

5.4　信息汇总方法和稳健性检验

在本节中，我们考虑替代的样本外预测方法，即不依赖特征选择，而是通过聚合所有特征的预测信息，来检验样本外预测的有效性，并重点讨论非线性关系在收益预测中的重要作用。另外我们还通过改变非线性模型的节点数和改变估计的滚动窗口长度对非线性预测模型进行了稳健性检验。

我们首先通过线性或非线性回归用每个特征来预测收益率，然后使用预测组合、主成分分析和偏最小二乘法来聚合所有这些收益率预测。以上所有的聚合方法都曾在之前的文献中被用于预测横截面股票收益率，例如 Rapach，Strauss 和 Zhou（2010）。直观地说，如果收益预测关系中的非线性关系确实很重要，那么基于非线性模型的收益预测聚合应该会产生更好的样本外绩效。

表 5-6 报告了基于线性或非线性模型预测收益率的等权重投资组合与市值加权投资组合的样本外表现，各面板报告了不同聚合方法下的结果。按照文献惯例，我们在预测组合中考虑等权重，并使用 BIC 准则来确定主成分的个数。股票收益的偏最小二乘预测只依赖于第一个因子，因为添加多个因子往往会恶化投资组合的表现。

总的来说，实证表明，在三种聚合方法中，非线性模型整体上产生比线性模型更高的夏普比率和 CH-4 alpha 值。例如，组合预测和主成分分析方法下，非线性模型的市值加权投资组合的夏普比率是线性模型的两倍以上。同样，当收益率预测基于非线性而不是线性模型时，相关的 CH-4 alpha 值也会上升 50% 以上。虽然通过偏最小二乘法的聚合非线性模型相比于线性模型的 CH-4 alpha 值增加较小，但夏普比率增加仍然相当大。一旦我们考虑到交易成本，同时只允许在市场指数上卖空，这些表现差距可能会变得更大。

表 5-6　多种信息汇总方法的样本外收益表现

	（1）	（2）	（3）	（4）
	等权重投资组合		市值加权投资组合	
预测模型	NP	线性	NP	线性
节点数	5	NA	5	NA
面板 A：组合预测				
Mean（%）	2.30	1.19	1.80	0.95
Std. Dev（%）	3.61	3.05	4.20	4.71
Turnover（%）	46.35	38.99	47.31	34.51
Sharpe ratio	2.21	1.35	1.48	0.7
Cost-adjusted SR	1.85	0.99	1.17	0.48
CH-4 alpha（%）	2.43	1.29	1.83	1.08
L-SMKT	1.38	0.74	0.90	0.28
面板 B：主成分分析				
Mean（%）	2.44	1.67	1.85	1.24
Std. Dev（%）	4.2	4.61	4.75	6.63
Turnover（%）	56.18	52.9	53.92	41.62
Sharpe ratio	2.01	1.25	1.35	0.65
Cost-adjusted SR	1.60	0.90	1.00	0.42
CH-4 alpha（%）	2.56	1.87	1.92	1.24
L-SMKT	1.33	0.74	1.16	0.07
面板 C：偏最小二乘法				
Mean（%）	2.42	2.44	1.93	1.72
Std. Dev（%）	3.63	4.00	4.18	5.47
Turnover（%）	47.43	49.99	48.21	42.33

续表

	(1)	(2)	(3)	(4)
	等权重投资组合		市值加权投资组合	
Sharpe ratio	2.31	2.11	1.60	1.09
Cost-adjusted SR	1.94	1.74	1.27	0.84
CH-4 alpha（%）	2.56	2.71	2.02	1.99
L-SMKT	1.48	1.41	0.98	0.66

　　我们对非线性模型的样本外预测效果进行了两种稳健性检验。在第一个检验中，我们改变了样本外评估中非线性模型的节点数。当节点数较大时，非线性模型具有更大的灵活性，但需要估计的项较多，因此可能导致额外的预测不确定性和更易出现过拟合。在第二个检验中，我们重新考虑了 5 年滚动窗口样本外预测，而不是基准分析中的 10 年窗口。较短的估计窗口有助于更快地捕捉任何时变预测关系，但同时，随着样本量的减小，估计和预测的不确定性将增加。

　　附表 5-2 给出了节点数分别为 3、7、10、15 和 20 的非线性模型的样本外评估结果。结果表明，所选特征的平均个数保持稳健。然而，随着节点数的增加，等权重投资组合与市值加权投资组合的夏普比率和 CH-4 alpha 值都趋于下降。附表 5-3 给出了 5 年滚动窗口方案下非线性模型的样本外评估结果，与基准 10 年滚动窗口的情况相比表现有所变差，表明估计不确定性带来的坏处超过了在较短窗口内更及时获取可预测性的好处。然而，非线性模型产生的投资组合仍然比线性模型产生的投资组合表现出了更高的夏普比率和 CH-4 alpha 值。

5.5 小 结

对于研究人员和投资从业者来说，从不断增长的公司特征列表中识别出真正有用的特征来预测收益是一项越来越重要的任务。现有文献大多利用多元回归或各种机器学习工具来整理美国股市的真实收益预测特征，但针对中国股市的研究却很少。本章的研究填补了这一空白，并强调了非线性模型在塑造企业特征与个股预期收益之间预测关系中的作用。在方法上，我们遵循 Huang，Horowitz 和 Wei（2010）以及 Freyberger，Neuhierl 和 Weber（2020）的程序，依赖于非参数组 LASSO 估计的可加非线性收益预测模型来选择有效特征。

通过对中国股市 100 个企业特征的实证分析，我们发现非线性模型比线性模型（如自适应 LASSO 和自适应弹性网络）选择的特征要少。尽管如此，非线性模型的预测精度比线性模型的预测精度更高。在样本内和样本外，基于非线性模型预测的收益率十分位数的多空投资组合也显示出比线性模型更高的夏普比率和 CH-4 alpha 值。总的来说，非线性在特征选择和收益预测中都很重要，通过预测组合、主成分分析和偏最小二乘法从特征中聚合预测信息，可以提供更好的预测绩效。

第五章附录

附表 5-1　市场指数和定价因子的表现

市场指数与定价因子		均值（%）	标准差（%）	夏普比率
上证综指		0.62	7.55	0.29
深证成指		0.83	8.53	0.34
沪深 300 指数		1.19	8.66	0.48
Fama 和 French（2018）六因子模型	MKT	0.64	8.12	
	SMB	0.35	3.74	
	HML	0.39	4.02	1.25
	RMW	0.25	3.35	
	CMA	−0.09	2.56	
	UMD	0.20	4.16	
Hou 等（2019）Q5 因子模型	MKT	0.64	8.12	
	R_{me}	0.52	3.39	
	$R_{I/A}$	0.05	2.06	1.69
	R_{Roe}	0.87	3.25	
	R_{Eg}	0.16	3.33	
Liu，Stambaugh 和 Yuan（2019）四因子模型	MKT	0.64	8.12	
	SMB	0.54	3.99	
	VMG	1.06	3.32	2.10
	PMO	0.79	3.45	

附表 5-2　不同节点 NpLASSO 的样本外收益表现

	（1）	（2）	（3）	（4）	（5）
模型	3 个节点	7 个节点	10 个节点	15 个节点	20 个节点
选择的特征数均值	11.43	11.56	11.03	11.18	10.90
面板 A：等权重投资组合					
Mean （%）	3.42	3.21	2.77	2.99	2.54
Std. Dev （%）	3.73	3.63	3.82	3.76	4.01
Turnover （%）	72.03	73.21	74.12	75.09	73.71
Sharpe ratio	3.18	3.06	2.52	2.76	2.20
Cost-adjusted SR	2.54	2.39	1.87	2.09	1.59
CH4-alpha （%）	3.70	3.46	3.21	3.42	1.93
L-SMKT	1.64	1.52	1.18	1.24	1.09
Predictive slope	1.25	1.18	1.06	1.06	0.92
R squared （%）	4.76	4.45	3.89	4.17	3.87
面板 B：市值加权投资组合					
Mean （%）	2.78	2.44	2.07	2.25	1.60
Std. Dev （%）	4.65	4.24	4.78	4.52	5.05
Turnover （%）	71.20	71.74	72.84	73.19	70.97
Sharpe ratio	2.07	1.99	1.50	1.72	1.10
Cost-adjusted SR	1.57	1.43	1.00	1.19	0.63
CH4-alpha （%）	3.11	2.77	2.53	2.81	1.95
L-SMKT	1.47	1.31	0.93	1.01	0.73
Predictive slope	1.25	1.18	1.06	1.06	0.92
R squared （%）	4.76	4.45	3.89	4.17	3.87

附表 5-3　5 年期滚动窗口样本外收益表现

	（1）	（2）	（3）	（4）
	FMB	LASSO	$t>3$	NpLASSO
选择的特征数均值	100	25.16	10.01	9.11
面板 A：等权重投资组合				
Mean（%）	0.65	2.18	1.35	2.75
Std. Dev（%）	3.17	3.64	4.47	4.23
Turnover（%）	40.86	64.21	54.18	73.89
Sharpe ratio	0.71	2.07	1.05	2.25
Cost-adjusted SR	0.34	1.50	0.68	1.67
CH-4 alpha（%）	0.60	1.95	1.18	2.70
L-SMKT	0.25	1.06	0.97	1.14
Predictive slope	0.02	0.51	0.69	0.95
R squared（%）	0.91	2.78	3.33	4.27
面板 B：市值加权投资组合				
Mean（%）	−0.11	1.59	0.69	1.91
Std. Dev（%）	4.62	5.17	5.46	5.03
Turnover（%）	39.28	60.26	50.61	71.34
Sharpe ratio	−0.08	1.07	0.44	1.31
Cost-adjusted SR	−0.32	0.69	0.15	0.84
CH-4 alpha（%）	−0.08	1.43	0.47	1.80
L-SMKT	−0.41	0.77	0.32	0.68
Predictive slope	0.02	0.51	0.69	0.95
R squared（%）	0.91	2.78	3.33	4.27

参考文献

［1］李斌，邵新月，李玥阳. 机器学习驱动的基本面量化投资研究. 中国工业经济，2019（8）：61-79.

［2］吴辉航，魏行空，张晓燕. 机器学习与资产定价. 北京：清华大学出版社，2022.

［3］易志高，茅宁. 中国股市投资者情绪测量研究：CICSI 的构建. 金融研究，2009（11）：174-184.

［4］Amihud, Y. Illiquidity and stock returns: Cross-section and time-series effects. *Journal of Financial Markets*, 2002, 5: 31-56.

［5］Ang, A., R. J. Hodrick, Y. Xing, et al. The cross-section of volatility and expected returns. *The Journal of Finance*, 2006, 61（1）：259-299.

［6］Asness, C. and A. Frazzini. The devil in Hml's details. *The Journal of Portfolio Management*, 2013, 39: 49-68.

［7］Asness, C. S., A. Frazzini, and L. H. Pedersen. Quality minus junk. *Review of Accounting Studies*, 2019, 24: 34-112.

［8］Athey, S., J. Tibshirani, and S. Wager. Generalized random forests. *Annals of Statistics*, 2019, 47: 1148-1178.

［9］Atilgan, Y., T. G. Bali, K. O. Demirtas, et al. Left-tail momentum: Underreaction to bad news, costly arbitrage and equity returns. *Journal of Financial Economics*,

2020, 135（3）, 725-753.

[10] Aït-Sahalia, Y. and M. W. Brandt. Variable selection for portfolio choice. *The Journal of Finance*, 2001, 56: 1297-1351.

[11] Ba, J. and R. Caruana. Do deep nets really need to be deep? Proceedings of the 27th International Conference on Neural Information Processing Systems, 2014, 2: 2654-2662.

[12] Baker, M. and J. C. Stein. Market liquidity as a sentiment indicator. *Journal of Financial Markets*, 2004, 7: 271-299.

[13] Baker, M. and J. Wurgler. Investor sentiment and the cross-section of stock returns. *The Journal of Finance*, 2006, 61: 1645-1680.

[14] Bali, T. G., N. Cakici, and R. F. Whitelaw. Maxing out: Stocks as lotteries and the cross-section of expected returns. *Journal of Financial Economics*, 2011, 99: 427-446.

[15] Bansal, R. and S. Viswanathan. No arbitrage and arbitrage pricing: A new approach. *The Journal of Finance*, 1993, 48（4）: 1231-1262.

[16] Barillas, F. and J. Shanken. Comparing asset pricing models. *The Journal of Finance*, 2018, 73: 715-754.

[17] Benjamini, Y. and D. Yekutieli. The control of the false discovery rate in multiple testing under dependency. *Annals of Statistics*, 2001, 29: 1165-1188.

[18] Brandt, M. W., P. Santa-Clara, and R. I. Valkanov. Parametric portfolio policies: Exploiting characteristics in the cross section of equity returns. *Review of Financial Studies*, 2009, 22: 3411-3447.

[19] Breiman, L. Random forests. *Machine Learning*, 2001, 45: 5-32.

[20] Breiman, L., J. H. Friedman, R. A. Olshen, et al. Classification and regression

trees (CART). *Biometrics*, 1984, 40 (3): 358-361.

[21] Campbell, J. Y., J. Hilscher, and J. Szilagyi. In search of distress risk. *The Journal of Finance*, 2008, 63 (6): 2899-2939.

[22] Chang, E. C., Y. Luo, and J. Ren. Short-selling, margin-trading, and price efficiency: Evidence from the Chinese market. *Journal of Banking & Finance*, 2014, 48: 411-424.

[23] Chen, D., K. Wu, and Y. Zhu. Stock return asymmetry in China. *Pacific-Basin Finance Journal*, 2022, 73: 101757.

[24] Chen, D., X. Shen, and T. Liu. Taming the factor zoo: New evidence from China. *Discrete Dynamics in Nature and Society*, 2021: 1-16.

[25] Chernozhukov, V., D. Chetverikov, M. Demirer, et al. Double/debiased machine learning for treatment and structural parameters. *The Econometric Journal*, 2018, 21 (1): 1-68.

[26] Chernozhukov, V., W. K. Newey, and R. Singh. Automatic debiased machine learning of causal and structural effects. *Econometrica*, 2022, 90: 967-1027.

[27] Cheung, C., G. R. Hoguet, and S. Ng. Value, size, momentum, dividend yield, and volatility in China's A-share market. *The Journal of Portfolio Management*, 2015, 41: 57-70.

[28] Cochrane, J. H. *Asset Pricing (Revised Edition)*. Princeton: Princeton University Press, 2005.

[29] Cochrane, J. H. Presidential address: Discount rates. *The Journal of Finance*, 2011, 66 (4): 1047-1108.

[30] Daniel, K. D., D. A. Hirshleifer, and L. Sun. Short-and long-horizon behavioral factors. *Review of Financial Studies*, 2020, 33: 1673-1736.

[31] De Long, J. B., A. Shleifer, L. H. Summers, et al. Noise trader risk in financial markets. *Journal of Political Economy*, 1990, 98 (4): 703-738.

[32] DeMiguel, V., A. Martin-Utrera, F. J. Nogales, et al. A transaction-cost perspective on the multitude of firm characteristics. *Review of Financial Studies*, 2020, 33: 2180-2222.

[33] Dimson, E. Risk measurement when shares are subject to infrequent trading. *Journal of Financial Economies*, 1979, 7 (2): 197-226.

[34] Dittmar, R. F. Nonlinear pricing kernels, kurtosis preference, and evidence from the cross section of equity returns. *The Journal of Finance*, 2002, 57: 369-403.

[35] Efron, B., T. Hastie, I. M. Johnstone, et al. Least angle regression. *Annals of Statistics*, 2004, 32: 407-499.

[36] Elliott, G., A. Gargano, and A. Timmermann. Complete subset regressions. *Journal of Econometrics*, 2013, 177 (2): 357-373.

[37] Fama, E. F. and J. D. MacBeth. Risk, return, and equilibrium: Empirical tests. *The Journal of Finance*, 1973, 81 (3): 607-636.

[38] Fama, E. F. and K. R. French. Choosing factors. *Journal of Financial Economics*, 2018, 128: 234-252.

[39] Fama, E. F. and K. R. French. Common risk factors in the returns on stocks and bonds. *Journal of Financial Economics*, 1993, 33: 3-56.

[40] Fama, E. F. Efficient capital markets: A review of theory and empirical work. *The Journal of Finance*, 1970, 25 (2): 383-417.

[41] Feng, G., S. Giglio, and D. Xiu. Taming the factor zoo: A test of new factors. *The Journal of Finance*, 2020, 75: 1327-1370.

[42] Foster, G., C. Olsen, and T. Shevlin. Earnings releases, anomalies, and the be-

havior of security returns. *Accounting Review*, 1984, 574–603.

[43] Frazzini, A. and Pedersen, L. H. Betting against beta. *Journal of Financial Economics*, 2014, 111 (1): 1–25.

[44] Freyberger, J., A. Neuhierl, and M. Weber. Dissecting characteristics nonparametrically. *The Review of Financial Studies*, 2020, 33 (5): 2326–2377.

[45] Friedman, J. H., T. Hastie, H. Hofling, et al. Pathwise coordinate optimization. *Annals of Applied Statistics*, 2007 (1): 302–332.

[46] Ghysels, E., A. Plazzi, and R. Valkanov. Why invest in emerging market? The role of conditional return asymmtery. *The Journal of Finance*, 2016, 71 (5): 2145–2192.

[47] Gibbons, M. R., S. A. Ross, and J. Shanken. A test of the efficiency of a given portfolio. *Econometrica*, 1989, 57 (5): 1121–1152.

[48] Gu, Shihao, B. Kelly, and D. Xiu. Empirical asset pricing via machine learning. *Review of Financial Studies*, 2020, 33 (5): 2223–2273.

[49] Haddad, V., S. Kozak, and S. Santosh. Factor timing. *Review of Financial Studies*, 2020, 33 (5): 1980–2018.

[50] Hansen, L. P. and R. Jagannathan. Implications of security market data for models of dynamic economies. *Journal of Political Economy*, 1991, 99: 225–262.

[51] Hansen, L. P. and S. F. Richard. The role of conditioning information in deducing testable restrictions implied by dynamic asset pricing models. *Econometrica*, 1987, 55: 587–614.

[52] Harvey, C. R. and A. Siddique. Conditional skewness in asset pricing tests. *The Journal of Finance*, 2000, 55: 1263–1295.

[53] Harvey, C. R., Y. Liu, and H. Zhu. . . . and the cross-section of expected re-

turns. *Review of Financial Studies*, 2016, 29: 5-68.

[54] Hastie, T., R. Tibshirani, and J. Friedman. *The Elements of Statistical Learning*: *Data Mining, Inference, and Prediction (Vol. 2)*. New York: Springer, 2009.

[55] Hoerl, A. E. and R. W. Kennard. Ridge regression: Applications to nonorthogonal problems. *Technometrics*, 1970a, 12 (1): 69-82.

[56] Hoerl, A. E. and R. W. Kennard. Ridge regression: Biased estimation for non-orthogonal problems. *Technometrics*, 1970b, 12 (1): 55-67.

[57] Hou, K., C. Xue, and L. Zhang. Digesting anomalies: An investment approach. *Review of Financial Studies*, 2015, 28 (3): 650-705.

[58] Hou, K., C. Xue, and L. Zhang. Replicating anomalies. *Review of Financial Studies*, 2020, 33: 2019-2133.

[59] Hou, K., H. Mo, C. Xue, et al. An augmented 9-factor model with expected growth. *Review of Finance*, 2021, 25 (1): 1-41.

[60] Hou, K., H. Mo, C. Xue, et al. Which factors? *Review of Finance*, 2019, 23 (1): 1-35.

[61] Huang, J., J. L. Horowitz, and F. Wei. Variable selection in nonparametric additive models. *Annals of Statistics*, 2010, 38: 282-313.

[62] Jagannathan, R. and R. A. Korajczyk. Assessing the market timing performance of managed portfolios. *The Journal of Business*, 1986, 59 (2): 217-235.

[63] Jegadeesh, N. and S. Titman. Returns to buying winners and selling losers: Implications for stock market efficiency. *The Journal of Finance*, 1993, 48 (1): 65-91.

[64] Jegadeesh, N. Evidence of predictable behavior of security returns. *The Journal of Finance*, 1990, 45: 881-898.

[65] Jiang, J., B. T. Kelly, and D. Xiu. Expected returns and large language models.

Available at SSRN, 2022.

[66] Kelly, B. T., S. Pruitt, and Y. Su. Characteristics are covariances: A unified model of risk and return. *Journal of Financial Economics*, 2019, 134 (3): 501–524.

[67] Koijen, R. S., T. J. Moskowitz, L. H. Pedersen, et al. Carry. *Journal of Financial Economics*, 2018, 127: 197–225.

[68] Kozak, S., S. Nagel, and S. Santosh. Shrinking the cross-section. *Journal of Financial Economics*, 2020, 135 (2): 271–292.

[69] Kumar, A., J. K. Page, and O. G. Spalt. Gambling and comovement. *Journal of Financial and Quantitative Analysis*, 2016, 51 (1): 85–111.

[70] Lamont, O., C. polk, and J. Saaá-Raquejo. Financial constraints and stock returns. *Review of Financial Studies*, 2001, 14 (2): 529–554.

[71] Lettau, M. and M. Pelger. Estimating latent asset-pricing factors. *Journal of Econometrics*, 2020a, 218 (1): 1–31.

[72] Lettau, M. and M. Pelger. Factors that fit the time series and cross-section of stock returns. *Review of Financial Studies*, 2020b, 33: 2274–2325.

[73] Lewellen. The cross section of expected stock returns. *Critical Finance Review*, 2015, 4: 1–44.

[74] Li, B., J. Qiu, and S. Wu. Momentum and seasonality in Chinese stock markets. *Journal of Money, Investment and Banking*, 2010, 17: 24–36.

[75] Lintner, J. The valuation of risk assets and the selection of risky investments in stock portfolios and capital budgets. *Review of Economics and Statistics*, 1965, 47 (1): 13–37.

[76] Liu, J., R. F. Stambaugh, and Y. Yuan. Size and value in China. *Journal of Fi-

nancial Economics, 2019, 134 (1): 48-69.

[77] Lucas, R. Econometric policy evaluation: A critique. *Carnegie-Rochester Conference Series on Public Policy (Vol. 1)*. New York: American Elsevier, 1976: 19-46.

[78] Maasoumi, E., G. Tong, X. Wen, et al. Portfolio choice with subset aggregation of asset characteristics. Available at SSRN: 4051796, 2022.

[79] Maasoumi, E., J. Wang, Z. Wang, et al. Identifying factors via automatic debiased machine learning. Available at SSRN: 4223091, 2022.

[80] Markowitz, H. Portfolio selection. *The Journal of Finance*, 1952, 7: 77-91.

[81] Mclean, R. D., and J. Pontiff. Does academic research destroy stock return predictability? *The Journal of Finance*, 2016, 71 (1): 5-32.

[82] Mitchell, T. M. *Machine Learning*. New York: McGraw-hill, 1997.

[83] Nagel, S. *Machine Learning in Asset Pricing (Vol. 1)*. Princeton: Princeton University Press, 2021.

[84] Nartea, G. V., D. Kong, and J. Wu. Do extreme returns matter in emerging markets? Evidence from the Chinese stock market. *Journal of Banking & Finance*, 2017, 76: 189-197.

[85] Novy-Marx, R., and M. Velikov. A taxonomy of anomalies and their trading costs. *The Review of Financial Studies*, 2016, 29: 104-147.

[86] Ohlson, J. A. Financial ratios and the probabilistic prediction of bankruptcy. *Journal of Accounting Research*, 1980, 18 (1): 109-131.

[87] Pontiff, J. Costly arbitrage and the myth of idiosyncratic risk. *Journal of Accounting and Economics*, 2006, 42 (1-2): 35-52.

[88] Rapach, D. E. and G. Zhou. Time-series and cross-sectional stock return forecasting: New machine learning methods. *Machine Learning for Asset Management*:

New Developments and Financial Applications. New York: Wiley, 2020, 1-33.

[89] Rapach, D. E., J. Strauss, and G. Zhou. Out-of-sample equity premium prediction: Combination forecasts and links to the real economy. *Review of Financial Studies*, 2010, 23: 821-862.

[90] Rapach, D. E., J. Strauss, and G. Zhou. International stock return predictability: What is the role of the United States? *The Journal of Finance*, 2013, 68 (4): 1633-1662.

[91] Samuel, A. L. Some studies in machine learning using the game of checkers. *IBM Journal of Research and Development*, 1959, 3 (3): 210-229.

[92] Sharpe, William F. Capital asset prices: A theory of market equilibrium under conditions of risk. *The Journal of Finance*, 1964, 19 (3): 425-442.

[93] Stambangh, R. F. and Y. Yuan. Mispricing factors. *Review of Financial Studies*, 2017, 30: 1270-1315.

[94] Stone, M. An asymptotic equivalence of choice of model by cross-validation and Akaike's criterion. *Journal of the Royal Statistical Society: Series B (Methodological)*, 1977, 39 (1): 44-47.

[95] Tibshirani, R. Regression shrinkage and selection via the lasso. *Journal of the Royal Statistical Society: Series B (Methodological)*, 1996, 58: 267-288.

[96] Timmermann, A. Forecast combinations. *Handbook of Economic Forecasting*, 2006, 1: 135-196.

[97] Xiong, S., B. Dai, J. D. Huling, et al. Orthogonalizing EM: A design-based least squares algorithm. *Technometrics*, 2016, 58: 285-293.

[98] Yuan, M., and Y. Lin. Model selection and estimation in regression with grouped variables. *Journal of the Royal Statistical Society: Series B (Satistical Methodolo-*

gy）, 2006, 68: 49-67.

[99] Zou, H. and Hastie, T. Regularization and variable selection via the elastic net. *Journal of the Royal Statistical Society: Series B (Methodological)*, 2005, 67 (2): 301-320.

[100] Zou, H. The adaptive lasso and its oracle properties. *Journal of the American Statistical Association*, 2006, 101: 1418-1429.

图书在版编目（CIP）数据

资产定价与机器学习/吴轲著. --北京：中国人
民大学出版社，2023.6
　　ISBN 978-7-300-31822-6

　Ⅰ. ①资… Ⅱ. ①吴… Ⅲ. ①机器学习-应用-资产
评估 Ⅳ. ①F20②TP181

　中国国家版本馆 CIP 数据核字（2023）第 106461 号

资产定价与机器学习

吴 轲 著

Zichan Dingjia yu Jiqi Xuexi

出版发行	中国人民大学出版社			
社　　址	北京中关村大街 31 号		**邮政编码**	100080
电　　话	010－62511242（总编室）		010－62511770（质管部）	
	010－82501766（邮购部）		010－62514148（门市部）	
	010－62515195（发行公司）		010－62515275（盗版举报）	
网　　址	http://www.crup.com.cn			
经　　销	新华书店			
印　　刷	天津中印联印务有限公司			
开　　本	890 mm × 1240 mm　1/32		**版　　次**	2023 年 6 月第 1 版
印　　张	6.75 插页 1		**印　　次**	2023 年 6 月第 1 次印刷
字　　数	141 000		**定　　价**	68.00 元